MARCELLO LANZA

RENDI LA TUA CASA SICURA

**Sistema CHECK UP PRO Per Valutare
Sicurezza, Efficienza e Comfort
Della Tua Casa**

Titolo

"RENDI LA TUA CASA SICURA"

Autore

Marcello Lanza

Editore

Bruno Editore

Sito internet

http://www.brunoeditore.it

Tutti i diritti sono riservati a norma di legge. Nessuna parte di questo libro può essere riprodotta con alcun mezzo senza l'autorizzazione scritta dell'Autore e dell'Editore. È espressamente vietato trasmettere ad altri il presente libro, né in formato cartaceo né elettronico, né per denaro né a titolo gratuito. Le strategie riportate in questo libro sono frutto di anni di studi e specializzazioni, quindi non è garantito il raggiungimento dei medesimi risultati di crescita personale o professionale. Il lettore si assume piena responsabilità delle proprie scelte, consapevole dei rischi connessi a qualsiasi forma di esercizio. Il libro ha esclusivamente scopo formativo.

Sommario

Introduzione — pag. 5

Capitolo 1: Cosa è bene conoscere della propria casa — pag. 8

Capitolo 2: Come respirare aria pulita — pag. 39

Capitolo 3: Come ottenere il massimo dagli impianti — pag. 55

Capitolo 4: Come massimizzare il comfort — pag. 78

Capitolo 5: Come rendere sicura la tua casa — pag. 101

Conclusione — pag. 127

Introduzione

Inventiamo, progettiamo, risolviamo, realizziamo e amiamo, ma abbiamo bisogno di vestirci, di indossare abiti adatti alle nostre attività perché il nostro fisico ci protegge in modo limitato.

I nostri abiti sono come una seconda "pelle".
Ma ancora non basta, c'è bisogno di un'ulteriore protezione, ci vuole un rifugio.
Un'interessante immagine l'ha fornita l'architetto tedesco Karl Lotz, definendo la casa la "terza pelle" dell'uomo.

L'uomo ha bisogno di una casa, e ha bisogno di sentirsi a casa, e la casa ci dovrebbe avvolgere e proteggere proprio come una "pelle".

Abbiamo bisogno di un guscio, di un ambiente accogliente perché non si può stare sempre all'aperto, e la migliore protezione per ognuno di noi sotto l'aspetto pratico, e anche emotivo, è la Nostra

Casa: il posto giusto dove tornare, nutrirsi, ricaricarsi, vivere.

Ma la casa può anche presentare dei problemi: si può rivelare un luogo inquinato e a volte persino pericoloso.
La tua casa è solida, è sicura, è sana? Due case su tre non lo sono.

Le caratteristiche di un'abitazione dipendono dal sito, se si trova in città, in centro, in periferia, in campagna, in un piccolo borgo, in pianura, al mare o in collina, o in alta montagna; dalle dimensioni e dalle parti accessorie (solai, box, balconi, scale, pertinenze).

Sono importanti l'esposizione e la tipologia. Si tratta di una villetta isolata con giardino, di una casa a schiera, è una bifamiliare, o un appartamento in condominio, un mini appartamento o una specie di castello?

Che struttura ha: solida, recente, antisismica? È già collaudata o collaudabile? La struttura portante è in muratura, in cemento armato, in acciaio, in legno? Ha avuto interventi di riparazione, di consolidamento, di sopraelevazione? Desta preoccupazione?

Proveremo ad impedire che sia facile penetrare in casa da parte di malintenzionati, e a vedere se è un colabrodo energetico.

Quanto sono grandi le finestre in relazione alla stanza, di che materiale sono fatte, come sono fissate nel muro, che vetri hanno, come viene effettuato l'oscuramento della luce diurna, come è organizzata la climatizzazione invernale ed estiva, c'è un impianto di riscaldamento autonomo o centralizzato, ci sono radiatori o pannelli radianti, caldaie murali, i fumi dove vanno, come è fatto l'impianto idraulico, e l'impianto elettrico, e come avviene il ricambio dell'aria?

Uno sguardo particolare meritano la sicurezza chimico-fisica e batteriologica dell'aria indoor, il modo in cui ottimizzare il ciclo dei rifiuti domestici e come migliorare l'efficienza degli impianti.

Come fare? come vedremo proseguendo la lettura e sul sito http://www.marcellolanza.it/, farci un'idea di com'è la nostra casa rispetto a come potrebbe o dovrebbe essere.

Capitolo 1:
Cosa è bene conoscere della propria casa

Sin dall'antichità gli edifici sono stati costruiti, e posizionati sul terreno, cercando di sfruttare al meglio le caratteristiche del sito e gli agenti fisici esterni: stabilità del terreno, soleggiamento ed esposizione, per ottenere il miglior comfort interno in modo naturale. In quest'ottica si è sviluppata e diffusa un'architettura locale, spontanea, legata al posto, specifica, vernacolare, con case tipiche, riconoscibili al primo sguardo per tipologia, aspetto e dimensioni, in grado poi di assumere anche il forte ruolo di caratterizzare il paesaggio antropizzato.

Penso alle case dai muri spessi e copertura piana, imbiancate a calce, diffuse lungo le coste pugliesi o siciliane; alle case dell'Appennino in pietra faccia a vista, con piccole finestre e tetto in tegole; alle case in mattoni di argilla cotta diffuse fra Toscana, Marche e Umbria; alle case alpine in blockhouse e tetti spioventi; ai dammusi delle isole meridionali, ai trulli.

Tutte tipologie realizzate con materiali del posto cercando di adeguarsi alle caratteristiche fisiche del luogo: temperature, ventilazione e soleggiamento, al fine di ottenere migliori condizioni termoigrometriche all'interno, con risultati straordinari.

Poi è arrivata la Rivoluzione industriale e la disponibilità contemporanea di energia e di impianti tecnici potenti ha portato molti a pensare a case "buone" per ogni latitudine, per ogni posto, perché tanto quello che contava era un buon impianto. I siti ottimali per l'edilizia urbana e periurbana si erano comunque da tempo esauriti, ma si è continuato a costruire per decenni dovunque, saturando tutti gli spazi, e sfruttando anche i siti inizialmente scartati perché non idonei.

Adesso, però, c'è una rinnovata sensibilità da parte di molti progettisti, e anche da parte di costruttori avveduti, che spinge a riprendere in seria considerazione i materiali da impiegare, la provenienza, il ciclo di vita, le forme e le tipologie della casa, in funzione del microclima interno desiderato, al netto degli impianti; e così, una volta ottenuto un involucro performante, spesso è sufficiente un mini impianto di climatizzazione specifico per edifici a basso consumo, alimentato da energie rinnovabili, per avere grande comfort e consumi energetici nulli.

Non più una casa buona per tutti i luoghi ma una casa adatta a quel particolare luogo, alla sua temperatura, alle sue piogge, ai suoi venti, alla sua esposizione ai raggi solari. Una casa che si integri con le caratteristiche geofisiche del sito e non le subisca o le combatta a base di kilowatt.

Dagli anni cinquanta del secolo scorso la filosofia era questa: costruisco dove posso, dove rende di più, faccio le scelte più economiche in termini di materiali, di dimensioni, realizzo il massimo di superfici commerciali vendibili, poi calcolo più o meno rigorosamente le dispersioni termiche, tante calorie a metro cubo, e piazzo un bell'impianto di riscaldamento. Il raffrescamento era una cosa solo degli americani.

Venivano realizzati impianti di riscaldamento alimentati prima a carbone, in seguito a Btz, poi a gasolio, quindi a gas, tutti potenti, dimensionati con potenza superiore alle dispersioni termiche stimate.

Chi non ha visto una finestra aperta sopra ad un radiatore acceso? E adesso queste case sono dei colabrodo energetici, i balconi disperdono energia nell'aria rendendo gelidi i pavimenti, i pilastri e le travi in cemento armato formano ponti termici, si creano muffe e condense, le finestre male esposte e non protette rendono alcune stanze simili a delle serre, costi alti e qualità di vita bassa, niente comfort.

Non esiste una casa buona per ogni luogo, ma se una casa è adatta al luogo dove è stata costruita, al suo clima, al suo soleggiamento, alle sue piogge, ai suoi venti, alla sua esposizione ai raggi solari, l'universo intero agisce sulla casa creando condizioni di comfort interno permanente e naturale.

SEGRETO n. 1: quando una casa è adatta al sito le condizioni di vita al suo interno sono naturalmente gradevoli.

Le case si caratterizzano per la tipologia, variabilissima, per le dimensioni: si può abitare in una grande villa, in una piccola villetta, in una casa a schiera, in una bifamiliare; per la posizione:

a piano terra o in mansarda, in appartamento in un piccolo o grande condominio; per l'esclusività: può essere un miniappartamento, un superattico, o un antico castello. Per la distribuzione, per come è fatta e quante stanze ha; per l'esposizione, la panoramicità, se ad esempio ci sono costruzioni più alte che schermano la vista, a che distanza sono, su quanti lati ci sono finestre e cosa si vede dalle finestre.

Le case differiscono molto tra loro per le prestazioni energetiche a seconda della zona climatica in cui ricadono, ossia l'ambito territoriale omogeneo che ricomprende i posti con caratteristiche simili del clima. Per tutti i Comuni italiani sono stati calcolati i gradi giorno, vale a dire la somma delle differenze – per ognuno dei giorni del periodo di riscaldamento ufficiale per quella località – tra la temperatura interna fissata convenzionalmente in venti gradi e il valore della media mensile della temperatura esterna.

Esempio: nel mese di gennaio, che è un mese in cui dovunque sono previsti 31 giorni di riscaldamento, si vede qual è la temperatura esterna media mensile; supponiamo che sia 3°C, per arrivare a 20°C ce ne vogliono 17°, si moltiplica 17° x 31 giorni e si ottiene 527 gradi giorno, che è il contributo del mese di gennaio alla somma totale dei gradi giorno della località per tutto il periodo di riscaldamento legale.

Tutto il territorio nazionale è stato diviso in sei zone climatiche dalla A, più calda e limitata solo alle piccole isole del Sud, con meno di 600 gradi giorno, alla F, più fredda, con più di 3.000 gradi giorno, della zona alpina e di tutte le altre parti del territorio più elevate rispetto al livello del mare. Più i gradi giorno sono tanti, più sono i giorni che la temperatura esterna si abbassa e si allontana dai 20 gradi di riferimento.

Consulteremo anche le carte della radiazione solare, che danno per ogni posto una misura, stimata, di quanta energia solare riesce a raggiungere una superficie al livello del suolo dopo aver attraversato l'atmosfera. Importante sono anche la latitudine e la posizione geografica, quanto il sito dista dal mare e quanto è posizionato in alto rispetto al livello del mare.

Il paese dove vivo, e dove sto scrivendo, Flùmeri, in Irpinia, è un piccolo centro in collina, dal clima particolare, mite e vario.

Siamo verso Sud, a 41° di latitudine, la stessa di Barcellona e di Istanbul, quindi è certamente un posto *caldo*, ma è anche in collina (640 metri sul livello del mare) e salendo con la quota l'aria si raffredda rapidamente, quindi è un posto *fresco*.

In termini di tempo per arrivarci in auto, un'ora circa, siamo equidistanti da Salerno sul Mar Tirreno e da Manfredonia sull'Adriatico e quindi siamo ben esposti a tutti i venti e le correnti d'aria che si sviluppano tra i due mari, che sono molto vicini e molto diversi, ed è quindi anche un posto *ventoso*.

Tutta la zona è, anche grazie ad un Ponentino persistente, priva di umidità o nebbie, che appena si formano vengono subito spazzate dal vento, e quindi il clima è *asciutto*.

Le nuvole cariche d'acqua che entrano provenendo prevalentemente dal settore Nord-Ovest, spinte dal maestrale, incontrano i nostri monti più alti, quelli del Partenio, il Terminio, il Cervialto, e si addensano trovando ostacolo. Addensandosi e salendo di quota, per oltrepassare i monti, le nuvole compromettono l'equilibrio interno tra vapor d'acqua e aria, sia per il raffreddamento sia per la compressione meccanica, e si formano particelle di acqua sempre più grandi fino a che le nuvole sono costrette a scaricarsi, quindi è anche un posto piuttosto *piovoso*.

Dalle piogge derivano due particolarità: la prima è un microclima adatto alla vegetazione, da cui il nome "*Irpinia Verde*", la seconda è costituita dalle nostre straordinarie falde acquifere di acqua purissima, utilizzata sin dal tempo dei Romani per alimentare l'acquedotto del Serino che va verso Napoli, e termina ancora oggi nella Piscina Mirabilis a Bacoli, sede della flotta imperiale romana; in questo modo, almeno, i rematori delle triremi da guerra potevano bere un'acqua mediominerale di qualità. Oggi queste falde acquifere alimentano anche l'acquedotto Pugliese, che contribuisce a dissetare la Puglia.

SEGRETO n. 2: la variabilità del clima, unita alla mitezza delle perturbazioni, tipica delle nostre latitudini, rappresenta un unicum mondiale, ed è un toccasana sia per le case sia per chi ci abita.

L'Italia ha una posizione particolarissima, distesa verso Sud-Est nel Mediterraneo con una distribuzione del vento medio che varia, aumentando verso Sud, dove le correnti d'aria sul mare sono più vigorose e trovano meno ostacoli. Poi il vento muta zona per zona in funzione dell'altezza sul livello del mare, con medie maggiori man mano che si sale come quota del terreno; ma ci sono anche variazioni notevoli nell'ambito di una stessa zona in base alla conformazione orografica del terreno, per cui si possono trovare punti riparati dove la ventosità è minore di quella rilevata dagli anemometri e riportata sulle carte del vento, accessibili col nostro sistema.

Da quando si cerca di produrre energia elettrica con le pale eoliche lo studio del vento si è molto evoluto, con un grande sviluppo: a tal proposito consulteremo le mappe giuste per conoscere il vento medio di un punto preciso.

Conoscere il vento che impatta contro le pareti della casa è molto importante, in fase di progettazione o di ristrutturazione, per l'areazione naturale dei locali, per il comfort acustico, per prevenire il raffreddamento eccessivo delle pareti esposte, per la scelta dei serramenti, per il posizionamento delle piante in giardino, se vi è questa possibilità.

Il vento può anche accentuare fenomeni di condensa all'interno di una stanza riscaldata che abbia una parete esposta agli agenti atmosferici. Quando piove, e si bagna un muro dall'esterno, attraverso i pori dei materiali si ha un ingresso di umidità nella faccia esterna del muro per alcuni centimetri. Sotto l'azione del vento quest'acqua però evapora rapidamente, perché l'aria asciuga; le particelle d'acqua, infatti, che diventano vapore, e vengono trascinate via dal vento, sottraggono calore alla parete che si raffredda rapidamente, anche attraverso tutto il suo spessore, formando all'interno del locale riscaldato una parete fredda.

Sulla faccia interna della parete è possibile che si depositi un velo di vapore, e anche più di un velo se il riscaldamento è intermittente, ed è frequente che si possa addirittura raccogliere acqua sul pavimento proprio qualche ora dopo che c'è stata una pioggia.

Mi è capitato più volte di interagire con persone convinte che la pioggia avesse attraversato il muro della loro casa perché ogni volta che pioveva forte poi si verificava il problema di acqua a terra sul pavimento. Ma è praticamente impossibile che un muro sano possa essere attraversato dall'acqua piovana, anche se i due fenomeni – pioggia all'esterno e acqua all'interno – sono collegati e c'è un nesso di causa ed effetto, ma non c'è mai un attraversamento di acqua piovana.

Comunque, l'acqua che si raccoglie sulla faccia interna del muro esposto, anche se non viene da fuori, non è una cosa buona e se il fenomeno è frequente ed intenso si può ammalorare il muro stesso e ci si può attendere la formazione di muffe che degradano l'ambiente. È importante conoscere la piovosità della zona dove abitiamo, anche per metterla in relazione alla ventosità del sito e adottare così gli accorgimenti giusti per prevenire la comparsa di umidità da "traspirazione".

Il vento può far evaporare le particelle d'acqua contenute in una parete. L'acqua viene trascinata via raffreddando il muro. È possibile raccogliere acqua sul pavimento qualche ora dopo una pioggia; i due fenomeni – pioggia all'esterno e acqua all'interno – sono collegati da un nesso di causa ed effetto, ma è impossibile che un muro integro sia attraversato dall'acqua piovana, si tratta invece di acqua di condensa.

SEGRETO n. 3: i fenomeni di condensa all'interno di una stanza riscaldata in modo discontinuo possono essere accentuati sulle pareti esposte al vento, fino a sembrare infiltrazioni.

La casa è un involucro protettivo, e come tale deve essere assolutamente chiuso quando deve essere chiuso e aperto quando deve essere aperto. Un involucro performante deve impedire che le condizioni esterne di temperatura, pioggia, vento e rumori entrino in casa e cambino le condizioni interne se noi non lo vogliamo. Non è vero che è utile avere in casa degli spifferi, e non è pensabile che un involucro protettivo non sia perfettamente chiuso, impermeabile all'aria.

L'involucro è costituito da parti opache: pareti, pavimenti e soffitti; e parti trasparenti: finestre e porte finestre. Sulle parti opache ci sarebbe molto da dire, i muri in genere hanno stratigrafie legate ai luoghi, alle tradizioni locali, alla disponibilità di materiali, alle tecniche costruttive conosciute.

Sul nuovo le norme oggi sono chiare ed esigenti riguardo alla qualità dei materiali e alla prestazione statica ed energetica, mentre sul già esistente si fa quel che si può. Importante e misurare tutto, spingere il livello di conoscenza il più a fondo possibile riducendo l'invasività delle indagini, utilizzando termocamere e metal detector, e valutare le prestazioni al fine di pianificare la necessità e la opportunità di un intervento migliorativo, spesso chiamato "efficientamento" energetico, denominazione strausata, forse corretta, ma un po' antipatica.

Per aumentare l'efficienza di una parete si tende ad inserire sulla faccia esterna uno strato di materiale isolante di spessore congruo con i gradi giorno della zona. Si passa da pochi centimetri di spessore al Sud a molti centimetri al Nord o in montagna. È inoltre molto importante che la parete sia mantenuta naturalmente permeabile al vapore acqueo, anche aggiungendo nuovi strati di materiali isolanti, e conservi una traspirabilità crescente procedendo dall'interno verso l'esterno, ossia che la sua attraversabilità da parte di vapor d'acqua sia più facile nella parte più esterna, in modo che la parete, quando ne ricorrano le condizioni, possa asciugarsi cedendo acqua all'esterno e non verso l'interno.

SEGRETO n. 4: l'involucro deve proteggere in modo perfetto la casa dal vento e dalla pioggia, rimanendo nel contempo traspirante e permeabile al vapor d'acqua che tende ad uscire.

Per vari motivi è necessario che i muri si mantengano sempre salubri, con il giusto contenuto di umidità. Devono essere salubri per motivi strutturali, perché quelli che non lo sono si deteriorano dal punto di vista della resistenza meccanica, perché isolano di meno, perché possono innescare muffe anche pericolose per la salute e perché sono brutti, veramente brutti da vedere.

Un muro può essere poco salubre perché soffre di umidità di risalita, dalle fondazioni c'è un contatto del muro, poroso, con terreno umido o addirittura acqua liquida non drenata e per capillarità l'acqua si fa strada verso l'alto provocando inestetismi, distacco di intonaci, decadimento di malte e di conci murari, e via dicendo.

Ci sono muri interessati da fenomeni di decadimento chimico-fisico importanti perché esposti a infiltrazioni dall'alto per difetti della copertura, o getti concentrati di acque piovane dovute a canali di gronda e tubazioni pluviali rovinati o occlusi. Possono esserci muri rovinati da un uso interno improprio, nel senso che c'è meno areazione del necessario in base alle attività condotte nei locali, e così i muri si deteriorano per eccesso di umidità e impossibilità di prosciugamento naturale.

Altre cause di degrado possono originarsi da impianti tecnici che attraversano il muro e che, per differenza di temperatura esterna delle tubazioni, possono innescare delle copiose condense, oppure hanno delle perdite, dei trafilamenti proprio nel passaggio attraverso il muro stesso. È assolutamente necessario intervenire rimuovendo le cause del degrado. Ad esempio, se c'è umidità di risalita, si deve tentare di allontanare l'acqua dalla base del fabbricato con una soluzione di tipo attivo a doppia azione:

drenare l'acqua ad una quota tale da scongiurarne la risalita e contemporaneamente intervenire, se e per quanto possibile, per evitare che le acque di pioggia ritornino ad insediare la zona, creando una regimazione adeguata.

Ci sono dei posti dove non è possibile togliere l'acqua e allora non resta che la protezione passiva, ossia impermeabilizzare il muro in una posizione giusta, o imbibendolo di resine impermeabilizzanti, o tagliando, per sezioni, un pezzo alla volta uno strato di materiale poroso, e ponendo al suo posto uno strato di materiale impermeabile con le stesse caratteristiche meccaniche di quello rimosso.

Se c'è molta acqua bisogna stare attenti anche alla chimica ed intervenire solo con materiali compatibili; diversamente il rimedio, ancorché costoso, potrebbe essere peggiore del male originario.

SEGRETO n. 5: il miglior modo di risanare un muro umido è allontanare per sempre l'acqua che lo aggredisce.

Una curiosità. Nella prima parte della mia attività professionale, dopo una laurea in Ingegneria civile idraulica, mi ero fatto uno schema mentale di questo tipo: il muro è umido, se si può asciugare in modo naturale e spontaneo non c'è problema, si comporta come una spugna, una volta prende vapore d'acqua dall'ambiente, una volta lo cede all'ambiente. Quando non c'è equilibrio fra dare e avere, e c'è accumulo di vapor d'acqua nel muro, si forma una condensa, ovvero particelle di acqua allo stato liquido, gocce.

Queste gocce, nel mio immaginario, oltre al degrado meccanico ed estetico, rappresentavano la condizione necessaria per le muffe di apparire e di attecchire, con interessamento anche della sfera igienico-sanitaria. Lo schemino era questo: vapore d'acqua in equilibrio tutto ok; se c'è vapore d'acqua in eccesso c'è formazione di goccioline di condensa; se c'è persistenza della condensa si formano le muffe. Avevo codificato una sequenza: vapore d'acqua – condensa – muffa.

Solo grazie ad una felice frequentazione formativa in Alto Adige, presso l'Agenzia CasaClima di Bolzano, che ringrazio, ho potuto approfondire la tematica e capire che le manifestazioni sono quelle ma non c'è sequenza. La formazione della muffa prescinde, o può comunque prescindere dalla condensa, dipende solo dal contesto e dalla temperatura, le muffe non hanno bisogno di acqua liquida per manifestarsi e prosperare, quindi può esserci muffa senza condensa e condensa senza muffa.

SEGRETO n. 6: muffa e condensa non sono in relazione tra loro, nel senso che può esserci condensa senza muffa e muffa senza condensa.

È molto importante che la parete abbia, oltre alla necessaria tenuta termica, anche una tenuta all'aria, e non permetta al vento di entrare attraverso fessure, lesioni, imperfezioni, fori di impianti. Assume grande importanza la tenuta all'aria della parete sia per il dispendio di energia sia per il comfort acustico, spesso vanificato dagli spifferi.

La tenuta all'aria deve essere mantenuta anche nelle zone di confine tra pareti opache e finestre, dove spesso viene trascurata e si realizzano le perdite di tenuta più cospicue. Prima di occuparci delle finestre vorrei consigliare di utilizzare nelle pareti, nel loro restauro o nella loro bonifica, materiali naturali, il più naturale possibile. La differenza della qualità della vita che si può avere a contatto con materiali naturali o artificiali è grande e pesante, non solo come benessere e piacevolezza ma anche in termini di salute.

Per contenere le perdite energetiche molto importante è l'isolamento del soffitto, attraverso il quale possono esserci le maggiori perdite, e del pavimento se disperde su porticati, locali non riscaldati o terreno.

Le finestre sono facili da cambiare, se occorre, e spesso la loro sostituzione può risolvere molti problemi, quindi meritano qualche parola in più. Sono in genere costituite da una parte fissa, il telaio, e da ante mobili, apribili e vetrate. Servono per fare entrare la luce e l'aria, quando occorre e se è opportuno. Partiamo dai vetri: un vetro ideale dovrebbe far passare solo la luce e trattenere fuori il freddo d'inverno e il caldo d'estate.

Ma il vetro non lascia passare tutta la luce che lo colpisce, una parte della luce viene riflessa e una parte trattenuta dal vetro stesso, assorbita. Se si guardano i dati dei vetri tripli sul mercato in questo momento la luce che non riesce a passare attraverso il vetro è intorno al 50%, quindi niente di trascurabile. Invece la capacità di isolare termicamente è fantastica, con accorgimenti tipo: tripla lastra di spessore adeguato, superfici trattate, intercapedine riempita con gas argon, distanziatori a bassa conduttività, la finestra può diventare più resistente alla trasmissione del calore rispetto ad un muro tradizionale.

È importante la dimensione della finestra in relazione alla superficie della stanza, per soddisfare il corretto rapporto aeroilluminante, e in via subordinata la sua posizione all'interno della parete: in alto, in basso, centrale o su un lato ai fini dell'abbagliamento. Il rapporto minimo dovrebbe essere intorno al 10% tra la superficie del foro apribile e quello della stanza, ma ogni Comune ha il suo regolamento edilizio, o, comunque si chiami, le sue norme da rispettare.

In relazione invece al passaggio della luce solare occorre considerare che le nuove finestre sono costruite o in legno o in PVC o in alluminio a taglio termico. In tutti e tre i casi per avere la resistenza termica e meccanica le sezioni di materiale utilizzato sono generose, dell'ordine dei 9-10 centimetri sia per il telaio sia per le ante.

Facciamo un piccolo calcolo: una finestra a due ante che viene montata in un foro fisico nel muro di forma quadrata, per semplicità di un metro per un metro. La finestra magari viene realizzata con un profilato di alluminio da 9 centimetri, e, per assicurare la tenuta, viene posizionata con una battuta di un paio di centimetri dietro al foro fisico nel muro. Ho difficoltà a descrivere questo calcoletto senza un piccolo schema grafico, ma preferisco spendere qualche parola in più perché così si evitano problemi di compatibilità di lettura dei vari dispositivi con le immagini, invece sul mio sito sarà possibile eventualmente vedere i grafici.

Sopra, sotto, a destra e a sinistra la sovrapposizione fra telaio e anta è di 12 centimetri, ed anche fra le due ante al centro ci sono 12 centimetri. Quindi restano disponibili per il passaggio della luce due riquadri rettangolari, uguali tra loro, di 32 centimetri di larghezza (100 − [12+12+12] /2) e 76 centimetri di altezza (100 −

[12+12]) che ammontano a 0,48 metri quadrati, quindi meno del 50% del foro, che per semplicità avevamo immaginato di 1,00 metri quadrati.

Se poi utilizziamo anche un vetro termico triplo, che può trattenere e riflettere il 50% della luce incidente, in una finestra montata in un foro di un metro quadrato passa solo un quarto della luce che la colpisce, la metà della metà, mandando a rotoli il rapporto aeroilluminante riferito al foro di tutte le finestre di piccole dimensioni.

SEGRETO n. 7: quando si sceglie un vetro bisogna ricordare che il vetro serve a far passare la luce, quindi bisogna chiedere al fornitore le caratteristiche di trasparenza e la percentuale di luce che passa.

Riguardo al materiale delle finestre si può fare qualche considerazione sui materiali utilizzati che variano per qualità, prezzo, prestazione termica, resistenza all'effrazione, durabilità, smaltibilità a fine vita, estetica, sostenibilità. La maggiore economicità e prestazione energetica si ottiene col PVC, che però è poco sostenibile e non è naturale.

Il materiale più resistente all'effrazione e con sezioni resistenti più contenute è l'acciaio, anche facilmente riciclabile a fine vita, ma raro, elegante e meno efficiente, il legno è molto bello, naturale e sostenibile, isola bene, ma non è il più economico, l'alluminio viene di solito declinato come alluminio a taglio termico, legno alluminio se l'alluminio è solo la parte esterna, ma la struttura è in legno o alluminio legno, se la struttura è in alluminio e la parte a contatto con l'interno è di legno.

Questi sono interessanti, performanti come il PVC ma meno sostenibili in fase di produzione e anche di smaltimento. Se si ha a cuore il bio c'è solo il legno da scegliere. Se bisogna proteggersi va meglio l'acciaio a taglio termico. Il PVC e l'alluminio sono validi ma se sono veramente fatti bene cominciano a costare come quelli di legno e allora non c'è più convenienza. Anche la durabilità del legno è buona, molto lunga, e la manutenzione praticamente inesistente se si proteggono i serramenti esposti al sole con un filtro solare. Il vero problema del legno esposto alle intemperie non è l'acqua, come comunemente si crede, ma il sole, i raggi UV.

Attorno al legno sono nati dei problemi di manutenzione legati al fatto che si sono improvvisati a fare i serramentisti dei semplici falegnami, bravi magari a costruire porte da interno e mobili ma poco esperti di finestre e di trattamenti protettivi. Intanto hanno realizzato dei serramenti belli da vedere ma assolutamente scadenti come tenuta all'aria e all'acqua, senza guarnizioni, senza falso telaio. Poi, per proteggerli hanno usato dei flatting da barca, cioè delle vernici trasparenti che formano un film solido, come una lacca.

Ai primi soli la lacca si è deteriorata con i raggi UV e si è lesionata permettendo all'acqua di entrare al di sotto, si è creata una piccola serra per funghi e licheni tra il legno e lo strato vetrificato non ancora staccato, si è deturpato esteticamente il serramento con tinte che vanno dal bianco al nero, costringendo alla rimozione ed al restauro con asportazione di alcuni millimetri di legno, con la conseguenza di alti costi e di scarsi risultati.

Ora non si usano più le vernici flatting da barca e i serramenti vengono costruiti da specialisti con ferramenta e guarnizioni uguali a quelle che si usano con l'alluminio e col PVC, con prestazioni tecniche simili e manutenzione accettabile. A casa mia dal 1994 ho serramenti in rovere impregnati con un prodotto che fa da nutrimento e filtro solare, senza vernice.

Quelli che prendono poco sole sono come nuovi dopo più di 20 anni, quelli molto esposti hanno avuto bisogno ogni cinque o sei anni di una nuova impregnatura solo all'esterno, ma senza falegname, non ce n'è bisogno, basta uno straccio imbevuto di sgrassante per pulire, e una o due mani a pennello di impregnante con filtro UV, cinque minuti a finestra per ogni passata, senza smontare nulla.

SEGRETO n. 8: le finestre migliori sono quelle di legno, e la loro manutenzione è ridottissima se si usa un impregnante che abbia un filtro solare, perché il legno teme più il sole che l'acqua.

Una casa ben progettata e ben inserita nel contesto dovrebbe ricevere la luce naturale in tutte le stanze, fino in fondo alla stanza, e far entrare i raggi diretti del sole d'inverno, mentre dovrebbe tenere fuori i raggi diretti del sole durante la stagione calda. Se le finestre sono alte funzionano molto meglio per far arrivare la luce più all'interno della stanza, e catturano meglio i raggi di sole invernali, che sono più bassi sull'orizzonte, mentre, se la finestra è esposta a Sud basta anche un balcone o una pensilina, subito sopra alla finestra, per renderla perfetta d'inverno e d'estate.

Per le finestre esposte a Nord non c'è bisogno di fare nulla, mentre quelle rivolte a est e ad ovest devono essere schermate con uno schermo verticale, anche mobile, poiché la pensilina sopra non serve a nulla. Quando la casa già esiste e non si possono fare modifiche alle aperture è necessario schermare. Ogni sistema di oscuramento e schermatura può essere utilizzato ma bisogna sempre fermare i raggi del sole prima che tocchino il vetro e non dietro al vetro, e la schermatura deve essere areata, il più possibile. Dietro al vetro, per l'effetto serra, si realizza una zona caldissima che può dare molto fastidio all'interno.

SEGRETO n. 9: le schermature solari delle finestre vanno

sempre poste all'esterno del vetro e mai all'interno.

Il raccordo tra finestra e muro è problematico, storicamente problematico. Forse tutto parte dal fatto che chi realizza il muro è diverso da chi produce la finestra e non è solo un problema di produttore diverso, ma anche un problema di tempi diversi, perché quando si realizza il muro non si sa ancora chi, quando e come realizzerà i serramenti. La soluzione tecnica esiste, ma è praticata pochissimo.

Si tratta di realizzare un controtelaio esterno alla finestra, su tutti e quattro i lati, a cura dello stesso fornitore delle finestre. Il contro telaio, o falso telaio, deve giungere in cantiere quando i lavori sono ancora al rustico e deve essere correttamente montato nel muro. Questo è il punto più delicato. Quando il controtelaio, generalmente di legno, viene fissato nel muro si verifica un'interazione tra materiali diversi, che nel tempo tendono a distaccarsi tra loro creando inevitabili fessure.

Occorre curare bene questo giunto, le tecniche giuste ci sono ma sono disattese quasi sempre. È antipatico, addirittura grottesco in certi casi, vedere infissi venduti a prezzi alti perché dotati di "certificati" di qualità, che poi vengono fissati al muro da montatori frettolosi con pochi tasselli, un po' di schiuma miracolosa e il tutto viene occultato temporaneamente, fino alla prima giornata di vento, con coprifilo semplicemente sovrapposti e fissati con chiodini a scomparsa.

È possibile e giusto invece utilizzare la schiuma solo per tenere il controtelaio in posizione, ma la tenuta all'aria deve essere affidata a nastri dedicati particolari sia dalla parte esterna sia dalla parte interna dell'intercapedine tra falso e muro. Poi, fissare correttamente il serramento nel "suo" falso telaio, diventa un gioco da ragazzi.

Solo una curiosità: il falso telaio su quattro lati, quindi a tenuta d'aria e termica, è diffuso in Alto Adige, ma non nel resto d'Italia, dove anche i più avveduti non riescono a convincere della necessità della chiusura su quattro lati tutta la filiera, anche perché l'ultima parola spetta al committente, al proprietario, e di solito i fornitori sanno toccare le giuste corde per farlo optare per una soluzione più comoda per loro.

Queste le frasi tipo: "Sì, ma non serve a niente", "Ma quanto ti costa", "Adesso c'è una schiuma fantastica, garantita per 30 anni", "Ma questo non c'era nel preventivo che ti ho fatto", "Sì, ma tutte queste preoccupazioni per un po' d'aria, se c'è il ricambio d'aria è un bene…", "Sì ma dove l'hai trovato questo tecnico, è uno troppo teorico che fino alla fine ti rovina", "Non s'è mai sentito niente di tutto questo", "Sono trent'anni che monto infissi e nessuno si è mai lamentato".

SEGRETO n. 10: una finestra correttamente montata utilizza sempre un "falso" telaio su tutti e quattro i lati, in caso di sostituzione di serramenti è molto importante richiederlo.

RIEPILOGO DEL CAPITOLO 1:

- SEGRETO n. 1: quando una casa è adatta al sito le condizioni di vita al suo interno sono naturalmente gradevoli.
- SEGRETO n. 2: la variabilità del clima, unita alla mitezza delle manifestazioni tipica delle nostre latitudini, rappresenta un unicum mondiale, ed è un toccasana sia per le nostre case sia per noi che ci abitiamo.
- SEGRETO n. 3: i fenomeni di condensa all'interno di una stanza riscaldata in modo discontinuo possono essere accentuati sulle pareti esposte al vento, fino a sembrare infiltrazioni.
- SEGRETO n. 4: l'involucro deve proteggere in modo perfetto la casa dal vento e dalla pioggia, rimanendo nel contempo traspirante e permeabile al vapor d'acqua che tende ad uscire.
- SEGRETO n. 5: il miglior modo di risanare un muro umido è allontanare per sempre l'acqua che lo aggredisce.
- SEGRETO n. 6: muffa e condensa non sono in relazione tra loro, nel senso che può esserci condensa senza muffa e muffa senza condensa.
- SEGRETO n. 7: ogni volta che si acquista un vetro bisogna ricordare che il vetro serve per far passare la luce, quindi

bisogna chiedere al fornitore le caratteristiche di trasparenza, e la percentuale di luce che passa.

- SEGRETO n. 8: le finestre migliori sono quelle di legno, e la loro manutenzione è ridottissima se si usa un impregnante che abbia un filtro solare, perché il legno teme più il sole che l'acqua.
- SEGRETO n. 9: le schermature solari delle finestre vanno sempre poste all'esterno del vetro e mai all'interno.
- SEGRETO n. 10: una finestra correttamente montata utilizza sempre un "falso" telaio su tutti e quattro i lati, in caso di sostituzione di serramenti è molto importante richiederlo.

Capitolo 2:
Come respirare aria pulita

La buona qualità dell'aria indoor è indispensabile per migliorare la qualità della vita. All'interno delle nostre case c'è però di solito un'aria inquinata, molto più inquinata che all'esterno, anche in città (misure effettuate in edifici del Nord Italia hanno evidenziato che all'interno delle abitazioni è presente una concentrazione di inquinanti mediamente 10 volte più alta di quella esterna: 3,25 mg/mc contro 0,37 mg/mc [fonte: *Inquinamento Indoor-Outdoor*, ed. DEI]).

Il ricambio dell'aria è richiesto per legge, e dipende da diversi fattori: dal tipo di locale, dal grado di utilizzo, dalle attività svolte, e serve essenzialmente a espellere l'aria viziata e far entrare aria pulita, ricambiando l'aria fino a 12 volte al giorno (?!). Ricordo con un sorriso che quando andavo a scuola da ragazzo, nello spacco tra un'ora e l'altra il bidello (nel secolo scorso si chiamava così), gridava: "aprite 'ste finestre, ce stà 'na puzza!".

Il ricambio d'aria è previsto dalle norme, ora con un minore grado di occupazione, pari a 0,6, per tener conto che le nostre case non sono più utilizzate 24 ore su 24. I consumi di energia previsti per riscaldare nel periodo invernale l'aria fredda che entra durante i ricambi d'aria, e che dalla temperatura esterna del giorno del ricambio deve essere portata alla temperatura interna (20°), per tutto il periodo del riscaldamento, ce li ritroviamo, con un peggioramento all'incirca di uno step, nel certificato energetico AQE o APE, anche se di fatto nella realtà non ricambiamo mai l'aria nei modi e nelle forme previste dalle norme, cioè siamo un po' più "sozzoni" del previsto.

D'altra parte è difficile non esserlo. Immaginiamo d'inverno, con una temperatura esterna vicina allo zero, una camera da letto di dimensioni standard: 4,60 m x 4,00 m x 2,70 m pari a circa 50,00 mc, dove dormono due persone. La stanza ha una temperatura di almeno 18°, le finestre sono ben chiuse altrimenti si gelerebbe e la porta è chiusa per motivi di privacy. L'ossigeno strettamente necessario per il metabolismo a riposo di una persona è contenuto in circa 2,00 mc di aria, quindi nella stanza considerata è assicurata la sopravvivenza per una decina di ore alle due persone.

Ma come avviene la respirazione? Ispiriamo l'aria che è intorno a noi, ne sottraiamo piccole quantità di ossigeno, e la espiriamo con meno ossigeno e con altre cose, tra cui l'anidride carbonica.

Ogni persona consuma ossigeno per respirare, ma per la semplice sopravvivenza basterebbero per una notte di sonno le particelle di ossigeno che sono contenute in pochi metri cubi di aria. L'aria viene inalata, le viene sottratto l'ossigeno e viene espulsa con l'anidride carbonica prodotta dall'organismo, ed anche altro, vapori e odori, che in una stanza chiusa restano nell'ambiente. Il problema consiste nel fatto che l'aria ad ogni respiro si impoverisce di ossigeno e si carica di altre sostanze, perdendo la sua "freschezza", inquinandosi.

La concentrazione massima ammissibile di anidride carbonica viene raggiunta dopo poche ore e il passaggio dell'anidride carbonica dai polmoni all'aria da espellere diventa difficile perché nell'aria che inspiriamo ce n'è già troppa, e si possono istaurare dei fastidi, come mal di testa e altro.

Le norme fissano un limite massimo cui attenersi per vivere in salute e quindi durante la notte, per rispettare le regole, ogni due ore uno dei due, a turno magari, dovrebbe alzarsi, aprire le tende, l'avvolgibile – tutte le cose che ostacolano il passaggio dell'aria – aprire la finestra e tenerla aperta per dieci minuti… mentre entra aria gelida.

Ma chi lo fa? è difficile, molto difficile immaginare che accada una cosa del genere.

La ventilazione invece è qualcosa di diverso; è mantenere l'aria pulita, intervenire nel ricambio già mentre l'aria si sta sporcando, mantenendo bassi i valori di CO_2 e di altri inquinanti, e non aspettare che ci sia un disagio avvertibile o insopportabile per aprire la finestra.

Quando la ventilazione naturale è impossibile per condizioni climatiche, operative, di inquinamento, di avverse condizioni termoigrometriche, si può ricorrere ad un impianto di ventilazione meccanica controllata, attraverso il quale l'aria esterna filtrata viene riscaldata e inumidita, in base al fabbisogno, con l'energia e il contenuto di umidità derivante dall'aria ripresa.

Come risultato, si ottiene aria pulita, libera da inquinanti, e da pollini, e con un livello corretto di umidità. Ciò significa una sensazione di benessere in ambienti chiusi come se si fosse all'aria aperta.

SEGRETO n. 1: il ricambio d'aria previsto dalle normative è un sistema discontinuo: si fa entrare l'aria pulita, quando diventa pesante si apre la finestra e si ricomincia da capo. Inserire un impianto di VMC significa invece mantenere l'aria pulita.

L'aria fresca esterna viene prelevata in sito idoneo nelle immediate vicinanze, immessa nella macchina, dove un filtro finissimo la purifica da pollini e polveri sottili, e poi, in modo passivo, senza somministrare energia, la porta a temperatura e umidità molto simili a quelle degli ambienti dove viene immessa: camere da letto e stanze di soggiorno.

L'aria esausta viene invece risucchiata dai locali più sporchi – bagni, cucina, ripostigli, corridoi – viene privata di energia e di acqua, filtrata ed espulsa all'esterno. Il recuperatore di calore garantisce un miglior sfruttamento dell'involucro, perché non è più necessario aprire le finestre, anche se resta sempre possibile, ovviamente.

L'impianto di VMC offre un clima più salubre accrescendo la gradevolezza e la purezza dell'aria; un risparmio energetico notevole per il recupero di calore rispetto ai ricambi d'aria obbligatori per legge, un giusto grado igrometrico anche d'inverno, quando l'aria non diventa mai "secca".

Se l'impianto è dotato anche di uno scambiatore di calore entalpico le particelle di vapore acqueo presenti nel flusso vengono trasportate dall'aria espulsa all'aria in entrata assieme all'energia termica recuperata. All'aria ripresa vengono sottratti il calore e le molecole di vapore acqueo per poi cederli all'aria immessa. Durante questo processo non si forma alcun tipo di condensa, così come non vengono trasportate particelle liquide, ma solo molecole di vapore da un lato all'altro.

Grazie a questo processo è possibile raggiungere un coefficiente di rendimento teorico fino a superare anche il 100%, con due terzi per il recupero del calore e un terzo per il recupero dell'umidità. I giri dello scambiatore vengono regolati in base alla temperatura esterna. In inverno lo scambiatore di calore aumenta la sua velocità di rotazione e quindi la sua superficie di scambio, mantenendo il grado di umidità in ambiente nel campo di gradevolezza.

In estate, invece, quando all'esterno ci sono temperature elevate, lo scambiatore diminuisce la sua velocità di rotazione, riducendo il trasferimento verso l'ambiente interno dell'umidità esterna, di solito in eccesso perché tenuta in sospensione dall'aria calda estiva.

L'umidità relativa richiesta viene regolata tramite un igrometro che si trova nel pannellino di comando, il quale gestisce la velocità dei ventilatori e la portata d'aria dell'apparecchio di VMC.

L'impianto di VMC è un vero toccasana nei seguenti casi: quando si abita in un luogo rumoroso o inquinato, quando si hanno allergie, quando ci si sveglia spesso con mal di testa, quando si abita in un posto freddo, quando c'è polvere in casa, quando la casa resta chiusa o vuota per giorni interi e alla riapertura si "sentono" i tappeti, o altri odori: in tali casi la presenza dell'impianto, discreta, automatica, silenziosa, rende un servizio impagabile: aria pulita, sempre.

SEGRETO n. 2: l'impianto di VMC è fantastico in tutte le aree inquinate, rumorose, può essere risolutivo per chi soffre di allergie e di mal di testa, riduce la polvere in giro.

Ci sono dei contro? Beh, l'impianto ha un costo, sia la macchina, le tubazioni e le bocchette di immissione e di ripresa, oltre le opere di camuffamento dei tubi e la posa delle tubazioni di presa ed espulsione all'esterno. Il mio impianto riesce a tenere l'aria pulita andando al 33% della portata sempre, tranne due fasce orarie di due ore ciascuna, quando lo faccio andare al massimo, al 100%, che ho scelto con cura: dalle 13 alle 15, perché la casa è frequentata a quell'ora, e l'aria si inquina un po' di più, e poi la notte dalle 0,30 alle 2,30, perché ottimizza la CO_2, mantenendola bassa.

Il consumo di corrente dipende dalla programmazione che ho fatto e quindi l'impianto per quattro ore al giorno assorbe 65 Wh, quindi consuma 0,26 kWh al giorno più circa 30 Wh sono assorbiti durante le altre 20 ore di mantenimento, per un consumo giornaliero di 0,60 kWh di mantenimento per un totale di 0,86 kWh al giorno, con un costo pari a meno di mezzo caffè al giorno, cui bisogna aggiungere la spesa per un cambio di filtri una volta all'anno per circa 40€.

Il cambio è semplice da eseguire: ogni filtro va al suo posto perché la sua sagoma non permette di sbagliare l'inserimento. Il filtro esterno trattiene tutto il particolato, cioè l'insieme delle sostanze inquinanti, liquide e solide disperse nell'aria, contraddistinte da dimensioni piccolissime, da un milionesimo di millimetro fino a mezzo millimetro, che senza impianto ci troveremmo in casa appena apriamo la finestra.

Quest'impianto non va confuso con gli impianti di aria condizionata o con gli split, che emettono aria rumorosa e a forte velocità in quanto climatizzano utilizzando l'aria per trasferire il caldo o il freddo. L'aria è però dotata di poca massa e quindi di poca capacità termica, e per ottenere risultati accettabili l'impianto deve "spingere" forte in modo che in un tempo ragionevole una massa di aria sufficiente a cambiare la temperatura dei locali venga fatta girare.

La velocità di questi impianti è però fastidiosa già per i rumori, a volte mal sopportabili, ma soprattutto per i fastidi fisici, dovuti all'esposizione ai flussi di aria gelida, su parti di corpo spesso scoperte, come il collo. Le norme prevedono una velocità massima tollerabile dell'aria per l'inverno di 0,15 m/sec e di 0,25 m/sec per l'estate, valori che vengono superati alla grande nei pressi delle bocchette dei condizionatori.

SEGRETO n. 3: l'impianto di VMC non deve climatizzare, non è chiamato a cambiare la temperatura dei locali, e l'aria è un puro soffio che emana dalle bocchette senza alcun rumore.

Spesso coesistono nelle stanze delle nostre case inquinanti fisici come elettrosmog e radon con inquinanti chimici: monossido di carbonio, VOC (Composti organici volatili) provenienti dall' evaporazione di solventi di adesivi, di vernici, materiali isolanti, pavimenti e rivestimenti, mobili con pannelli sintetici, prodotti per la pulizia, stampanti laser, fumo e cottura dei cibi. Da non trascurare gli inquinanti biologici: funghi, muffe, pollini e batteri.

Vivere a contatto di questo mix di inquinanti può produrre nel tempo tutta una serie di malesseri: dal mal di testa, a disturbi vari come intolleranze e allergie fino ad innescare in alcuni casi patologie anche gravi, con milioni di morti ogni anno in tutto il mondo. L'Istituto Superiore di Sanità classifica, infatti, come "estremamente elevato" il danno sanitario, economico e sociale attribuibile all'inquinamento indoor, con problemi per la salute che vanno dall'asma bronchiale all'infarto del miocardio al tumore del polmone. È importantissimo tenere pulita l'aria in casa, dove soggiorniamo a lungo.

Che cos'è il radon? È un gas inodore, insapore, incolore che proviene dal terreno e che può penetrare nelle nostre case e mischiarsi con l'aria, interessando principalmente i locali a contatto diretto con il terreno. Non ci si può accorgere della presenza del radon ed è pericoloso per la salute umana in quanto radioattivo. In Italia esiste una normativa che limita la presenza di radon solo nei luoghi di lavoro fissandone la concentrazione massima nell'aria in 500 Becquerel a metro cubo, mentre non vi è alcuna limitazione per le abitazioni (che sono invece normate all'estero, in Europa e negli Stati Uniti).

Non è obbligatorio per legge ma è sempre opportuno fare una misura del radon anche nei locali privati a contatto con il terreno e nelle abitazioni al piano terra; anzi consiglio fortemente a chi trascorre del tempo in ambienti a contatto con il terreno, o vicini ad esso, di verificare e dare inizio quanto prima a una campagna di monitoraggio di questo elemento chimico.

Sono reperibili in commercio, grazie all'obbligo del controllo sui luoghi di lavoro, dei dosimetri passivi, contenuti in confezioni sigillate, veri kit di misura della concentrazione di gas radon. La misura è molto semplice anche per un pubblico non professionale: basta acquistare il kit, che contiene una scatoletta forata con all'interno una speciale pellicola dello stesso tipo di quelle presenti nei distintivi che indossano i radiologi e i tecnici negli ospedali, e seguire le istruzioni; inoltre il costo di acquisto comprende anche lo sviluppo della pellicola e la spedizione del risultato.

La confezione deve essere aperta solo nella stanza da indagare, e la scatoletta deve essere posizionata in un posto tranquillo, e restare esposta all'aria per alcune settimane.

Personalmente preferisco appenderla allo stesso chiodo di un quadro, perché ho la sensazione che sia migliore la circolazione d'aria al suo interno, ma se non è possibile si può poggiare su una mensola o su un mobile. Dopo un tempo prestabilito, che dipende dal produttore, la scatoletta con la pellicola deve essere inviata al laboratorio che l'ha prodotta in tempi rapidi e senza aprirla.

Il laboratorio la "sviluppa", come si faceva una volta per le fotografie, e le condizioni della pellicola sviluppata forniscono una misura precisa del radon che è stato mediamente presente nel locale indagato.

Cosa fare se la concentrazione di radon è alta? Occorre valutare caso per caso, ma la filosofia dell'intervento deve essere chiara: non si può soggiornare a lungo nei locali dove la concentrazione di radon è elevata, per cui o i locali non devono essere utilizzati per viverci, se è possibile, o devono essere bonificati.

SEGRETO n. 4: nei locali dove la concentrazione di radon è elevata non si deve soggiornare a lungo, per cui, se devono essere utilizzati per viverci, devono essere bonificati.

La pericolosità del radon è di tipo "sociale", nel senso che l'Italia è un paese i cui i terreni contengono uranio, questo elemento è instabile e si trasforma in continuazione con un processo di decadimento radioattivo che interessa una catena di nuovi elementi tra cui il gas radon, che poi a sua volta decade e si trasforma in minuscole particelle solide, il polonio, che possono entrare nei polmoni attraverso la respirazione.

La pericolosità del radon è però soprattutto di tipo individuale, perché dipende molto dall'esposizione del singolo soggetto, che può essere molto diversa dalla media, e quindi viene ad essere moltiplicata la probabilità di conseguenze per la salute.

L'emivita del radon è fortunatamente molto breve, meno di

quattro giorni, quindi significa che, dal momento in cui il radon non entra più in un edificio, nel giro di quattro giorni la sua radioattività si è dimezzata, e dopo altre poche ore diventa non più significativa, e si può considerare bonificata l'aria. Perché si realizzi una bonifica permanente occorre però impedire l'ingresso di nuovo gas con sistemi passivi di impermeabilizzazione di pavimento e pareti a contatto con il terreno.

SEGRETO n. 5: consiglio fortemente di verificare a chi trascorre del tempo in locali a contatto con il terreno, o vicini al terreno, di fare al più presto un TEST del radon per escluderne la presenza.

Nel caso non sia tecnicamente possibile isolare e ventilare in modo efficace l'edificio, si può ancora intervenire in modo attivo rendendo difficile l'ingresso di nuovo gas, imponendo meccanicamente nei locali interessati da alte concentrazioni una lieve sovrapressione, che però va poi mantenuta nel tempo.

RIEPILOGO DEL CAPITOLO 2:

- SEGRETO n. 1: il ricambio d'aria previsto dalle normative è un sistema discontinuo: si fa entrare l'aria pulita, quando diventa pesante si riapre la finestra e si ricomincia da capo. Inserire un impianto di VMC significa invece mantenere l'aria pulita.
- SEGRETO n. 2: l'impianto di VMC è fantastico in tutte le aree inquinate, rumorose, può essere risolutivo per chi soffre di allergie e di mal di testa, riduce la polvere in giro.
- SEGRETO n. 3: l'impianto di VMC non deve climatizzare, non è chiamato a cambiare la temperatura dei locali, e l'aria è un puro soffio che emana dalle bocchette senza alcun rumore.
- SEGRETO n. 4: nei locali dove la concentrazione di radon è elevata non si deve soggiornare a lungo, per cui, se devono essere utilizzati per viverci, devono essere bonificati.
- SEGRETO n. 5: consiglio fortemente di verificare a chi trascorre del tempo in locali a contatto con il terreno, o vicini al terreno, di fare al più presto un TEST del radon per escluderne la presenza.

Capitolo 3:
Come ottenere il massimo dagli impianti

Se l'aria è indispensabile per la vita l'acqua non è da meno; siamo fatti in gran parte di acqua, anche di tante altre cose, ma in maggioranza siamo fatti di acqua. Anche gli equilibri biochimici che sono alla base della nostra vita dipendono dall'acqua. In Italia abbiamo la fortuna di disporre in maniera copiosa di acqua di sorgente purissima, è una cosa straordinaria su scala mondiale ma non ce ne rendiamo quasi conto.

Quando apriamo il rubinetto, magari appena svegli, senza sforzo da parte nostra, e dal rubinetto esce acqua potabile, noi lo diamo per scontato ma non è così, dovremmo invece considerarlo come un prodigio, ed esserne felici. Siamo sempre indifferenti quando va tutto bene, ma riusciamo a provare risentimento se si sente un po' di cloro e diventiamo reattivi se qualche volta si riduce la portata o non ne arriva proprio.

Negli altri Paesi del mondo non è così, non c'è bisogno di immaginare che in Africa gran parte della popolazione soffre la sete, ma anche Nazioni molto evolute, come la Germania ecc., non dispongono di numerose sorgenti profonde a disposizione, e l'acqua che viene distribuita nelle case proviene essenzialmente da impianti di trattamento: c'è un fiume, dal fiume viene prelevata l'acqua, viene fatta passare attraverso un impianto di potabilizzazione e poi fornita alle utenze.

Dopo l'uso l'acqua ritorna, previa depurazione chimico-fisica, di nuovo al fiume. Più a valle c'è una nuova città..., e daccapo l'acqua viene prelevata, potabilizzata, distribuita, recuperata, depurata e restituita al fiume.

Viene quindi distribuita quasi dappertutto un'acqua industrializzata, non è naturale come la nostra, è accettabile ma non è pura. La nostra invece viene filtrata nel profondo delle montagne; prima di "sgorgare" di nuovo impiega anni, e la sua provenienza è la pioggia o la neve, non viene prelevata da un lago o da un fiume, è tutta un'altra storia.

SEGRETO n. 1: la nostra acqua potabile è quasi tutta di provenienza da falde sotterranee, filtrata per mesi o anni nel profondo delle montagne, ed è pura e preziosa.

Ma a noi dà così fastidio anche un po' di cloro... infatti il cloro dà fastidio, ma sparisce subito perché si consuma mentre svolge la sua azione di disinfettare e l'eccesso evapora presto. In origine la nostra acqua è pura, e viene praticata una disinfezione preventiva a monte della distribuzione urbana, aggiungendo del cloro in base alla presunta richiesta della rete, cioè delle possibili contaminazioni batteriche che possono verificarsi nella rete di distribuzione, che da noi è a volte costituita da parti nuove, recenti, altre volte da parti vecchie o addirittura antiche. Si calcola quanto cloro ci vuole per disinfettare, per sicurezza se ne mette un po' in più, e il cloro "residuo" si fa sentire.

Una delle cose che mi viene più difficile da comprendere e, soprattutto, da accettare è l'uso incredibile che facciamo dell'acqua da bere, e soprattutto quella nelle confezioni di plastica, di Pet, nei piccoli formati da due litri, un litro e mezzo, un litro, mezzo litro, ed anche meno, un quarto di litro e da poco anche un ottavo.

In tutto il paese ogni giorno vanno su e giù, azionati da contratti commerciali imperscrutabili, decine di tir carichi di bottiglie d'acqua potabile confezionata in piccoli formati, proveniente da una delle oltre trecento sorgenti accreditate sul territorio nazionale, presenti in tutte le regioni italiane. Una curiosità: molte di queste acque o il marchio o la sorgente hanno il nome di un santo o di una santa.

Le bottiglie delle Alpi arrivano fino in Sicilia e viceversa, viaggiano su gomma e poi vengono scaricate in grandi piazzali di interscambio, per giungere nei depositi dei grossisti, fino ai venditori finali. Viene accatastata in grossi cumuli, quasi sempre all'aperto, e viene spostata poco, magari sostando sotto il sole per settimane, fino a che non viene caricata per la vendita finale, che avviene secondo logiche commerciali imprevedibili a volte immediatamente, a volte dopo mesi dall'imbottigliamento.

Cosa è successo in quella bottiglia in tanto tempo, magari passato in parte sotto un sole estivo? il santo sull'etichetta avrà protetto a dovere il contenuto? Dal negozio poi arriva a casa, ma non da sola, dobbiamo portarla noi, e pesa. Sei bottiglie da 1,5 litri, più maneggevoli nella fase finale di trasferire l'acqua al bicchiere perché più rigide e più leggere, oppure da 2,0 litri, più economiche ma più scomode e strane da maneggiare, pesano rispettivamente 9,0 e 12,0 chili, e due confezioni da due litri arrivano a pesare 24 chili, un chilo in meno del limite fisiologico di sollevamento nei cantieri edili.

Ci siamo. Dobbiamo soffrire per trasportarle. Poi non sai mai dove metterle, ed anche nelle cosiddette "migliori famiglie" non c'è quasi mai un vero accordo su come gestire l'acqua da bere: chi fa la scelta dell'acqua, l'acquisto, il trasporto a casa, il riempimento del frigo? Quando si deve andare? C'è sempre qualcuno scontento: "Ma che acqua hai preso? Ma non è quella naturale, è frizzante!", "Ma no, è frizzante ma è naturale, è effervescente naturale!", "Ma che dici, non è naturale, è gassata", "Ma ne potevi prendere di più, adesso subito finisce", "Nel frigo non ce n'è più", ecc.

Una grande confusione perché le acque sono tutte diverse tra loro, perché quando vengono filtrate dalle rocce si caricano di minerali contenuti nelle rocce stesse, quindi ad ogni roccia attraversata corrisponde un'acqua diversa.

SEGRETO n. 2: le bottiglie di acqua da bere viaggiano su gomma, inquinando, e vengono scaricate nei depositi dei grossisti in grossi cumuli, quasi sempre all'aperto, e magari sostano sotto il sole per settimane, inquinandosi.

Le acque sono naturali quando non subiscono aggiunte. Quando ci sono pochi minerali dispersi, fino a 500 mg/litro si tratta di un'acqua oligominerale, se ce ne sono di più di 500 mg/litro è un acqua minerale. Per bere meglio, anche con un certo gusto, si possono scegliere le acque minerali, che fungono anche da integratori alimentari, evitando però quelle più estreme, che superano valori di residuo secco superiori a mille mg/litro, perché potrebbero dare problemi; come anche è necessario evitare le acque con un residuo fisso minore di 50 mg/litro perché veramente sono troppo piatte e molli, una tristezza..., hanno controindicazioni psicologiche.

È necessario chiarire che un'acqua minerale è minerale e contemporaneamente naturale se non ha subito aggiunte, nel senso che la parola minerale non significa che non è naturale. Questo succede per molte acque della Campania e della Basilicata, che sono filtrate da terreni vulcanici e sono effervescenti perché cariche naturalmente di anidride carbonica, non additivate e quindi assolutamente naturali, ma non lisce.

Ma sono contemporaneamente minerali, perché hanno un residuo secco che rientra tra 500 e 1.500 mg/litro, e sono anche frizzanti o effervescenti senza essere artificialmente *gassate*, perché contengono già allo sgorgare in sorgente gas carbonico. I camerieri al ristorante spesso fanno domande di questo tipo: preferisce acqua naturale o minerale? Acqua liscia o gassata? C'è una grande confusione.

In tutta sincerità, per un uso domestico dell'acqua da bere, non vedo perché in Italia, con le acque di qualità che vengono distribuite nelle nostre case dalla stragrande maggioranza degli acquedotti nazionali, tutte classificabili come minerali, per contenuto di sali, si debba consumare tanta acqua confezionata.

Se l'acqua del rubinetto non piace così com'è si può trattare in casa con un semplice filtro ai carboni attivi, o se è proprio necessario con un impiantino più spinto.

SEGRETO n. 3: i nostri acquedotti distribuiscono quasi ovunque acque di qualità, quasi tutte classificabili come minerali per contenuto di sali, e non è comprensibile perché consumiamo tanta acqua confezionata.

Alcuni impiantini la refrigerano e la rendono anche frizzante, per chi lo desidera. Esistono anche piccoli sistemi di filtraggio e alcalinizzazione dell'acqua che sono stati sviluppati sotto una spinta di mercato tendente ad ottenere un'acqua alcalina, capace per alcuni di contrastare con successo l'invecchiamento umano, cui viene associata biunivocamente un'acidificazione dei tessuti: se bevo acqua alcalina riduco l'acidificazione e inverto i fenomeni di invecchiamento.

Quest'impianto divide il flusso che attraversa l'impianto in una parte alcalina – tra il 70 e l'80% in funzione del Ph – ed in una parte acida. La parte acida può essere utilizzata per stirare, o per innaffiare le piante da appartamento, quasi tutte acidofile, e, per bassi valori del Ph, anche per sgrassare le superfici lavabili, al posto del detersivo o dell'aceto.

Altri impianti, ad osmosi inversa, depurano l'acqua del rubinetto in modo più spinto, cosa per fortuna necessaria solo per alcune zone, per fortuna poche, dove le acque di falda contengono minerali o metalli difficili da rimuovere.

Le acque del rubinetto sono ottime acque minerali in tutt'Italia, e poi, a parte la qualità delle acque, il consumo di queste acque dà un altro grande vantaggio: non siamo più costretti a comprare e trasportare le bottiglie di acqua da bere a casa, scaricarle, sistemarle, parte nel frigo e parte nel ripostiglio, subire le critiche perché l'acqua presa non è mai quella giusta per tutti, poi occorre sperare che non si sia inquinata sotto il sole... e allora: viva l'acqua del rubinetto!

SEGRETO n. 4: se l'acqua del rubinetto non piace così com'è, si può trattare in casa con un semplice filtro ai carboni attivi, o, se è proprio necessario, con un impiantino più spinto.

L'acqua, soprattutto quella pura come la nostra, è preziosa e non va mai sprecata, e tutti gli Enti distributori di acqua potabile danno indicazioni e suggerimenti su come comportarsi in modo virtuoso per risparmiarla. È importante eliminare al più presto tutte le perdite note, se ve ne sono, ed accertarsi subito che non esistano perdite occulte, non conosciute: si chiudono tutte le utenze e si guarda con attenzione il contatore, con molta attenzione. Se il contatore gira, anche pochissimo, senza nulla in funzione, allora c'è una perdita a valle del misuratore e va ricercata ed eliminata.

Per controllare i costi sostenuti oltre che i consumi andrebbe controllato anche il contatore, cioè se la misura dell'acqua che passa coincide con la quantità di acqua passata. È difficile che nei vecchi contatori incrostati le due cose coincidano.

Occorre chiudere sempre i rubinetti quando non è strettamente necessario, ed usare dappertutto i frangi getto, mantenendoli puliti, perché aggiungendo aria all'acqua dimezzano i consumi a parità di effetto sulla pelle. Un terzo dei consumi di acqua in casa dipende però dallo sciacquone del vaso. È molto importante usare lo scarico del bagno solo per l'uso per cui è stato realizzato, e non per disfarsi di piccoli oggetti, carta, cicche, piccoli rifiuti, che vanno invece smaltiti nel secco, senza essere pigri. Ogni scarico fa consumare circa dieci litri d'acqua potabile, quanto basterebbe per dissetare alla grande almeno cinque persone per un giorno, e a volte scarichiamo due volte di seguito per una sola cicca, che riemerge.

SEGRETO n. 5: è molto importante smaltire nel secco alcuni oggetti: carta, cicche, piccoli rifiuti, senza usare lo scarico del bagno.

Si può far installare uno scarico a doppia portata, differenziato, così si può scegliere fra metà scarico o completo, e si risparmia un po'; o, per chi è particolarmente sensibile a questo tema, si può montare un WC di derivazione dalla nautica, che consuma solo 0,7-0,8 litri d'acqua per ogni scarico, aspirato, e il consumo del water, a parità di scarichi effettuati, si riduce del 90%, mentre quello generale del 25%.

Il bilancio energetico nelle nostre case è molto importante. A livello mondiale si valuta che il 50% dell'energia consumata al mondo viene utilizzato in ambito residenziale. Da diversi decenni disponiamo di tecnologie ed esperienze internazionali che permettono di realizzare case che non consumano energia, dette "passive", oppure case che consumano solo pochissima energia, le case nZEB, ossia nearly Zero Energy Building, "a consumo quasi zero", o addirittura case attive, cioè case che autoproducono più energia di quanta ne serva a tutti i membri dell'abitazione per avere acqua calda sanitaria, ambiente a temperatura di 20°C d'inverno e non più di 24°C d'estate, oltre all'alimentazione di tutte le apparecchiature elettriche e delle luci.

Se immaginiamo con un po', anzi un bel po', di fantasia, che tutte le case esistenti siano trasformate, da un momento all'altro, magari con una bacchetta magica, in edifici nZEB, si potrebbero istantaneamente fermare molte centrali elettriche, almeno una su due, e magari si potrebbero fermare proprio quelle più vecchie, più pericolose, più inquinanti e meno efficienti.

Non abbiamo la bacchetta magica, ma possiamo usufruire di tutta la tecnologia e le competenze necessarie e sufficienti e certamente possiamo fare qualcosa per ridurre i consumi, e quando si riducono in modo corretto i consumi, si ottiene, come effetto collaterale, un sensibile aumento del comfort ambientale.

SEGRETO n. 6: quando si riducono in modo corretto i consumi energetici si ottiene, come effetto collaterale, un sensibile aumento del comfort ambientale.

Una casa è efficiente dal punto di vista energetico quando si consuma poca energia per climatizzarla e per produrre l'acqua calda sanitaria necessaria per tutti gli occupanti. Le normative in vigore solo da poco hanno cominciato ad inserire nel calcolo dell'energia la quota per la climatizzazione estiva, che nei posti caldi può superare la quota, classica, della climatizzazione invernale.

L'energia annua necessaria viene divisa per i metri quadri di superficie climatizzata della casa e in base al valore risultante la casa viene inserita, sotto forma di kWh/mq anno, in una classe energetica. Le migliori case, quelle che consumano pochi kWh/mq anno a metro quadro all'anno, vanno in classe A4, mentre le più energivore vanno in classe G, cioè dietro la lavagna.

Un'idea di diagnosi energetica si può fare, semplificando molto, così: dalle bollette dell'energia di tutto un anno, gas, corrente elettrica, gasolio, teleriscaldamento, tutte le bollette, si rilevano i consumi, si sommano i consumi tutti ragguagliati a kWh, anche i litri di gasolio e i normali metri cubi di gas, si dividono per i metri quadri di superficie riscaldata e si ottiene il consumo annuo a metro quadro.

L'indice di prestazione energetica rappresenta energia consumata in un anno in casa assicurando climatizzazione invernale ed estiva, produzione di acqua calda sanitaria e ventilazione. Viene espresso in kWh/mq anno, e deve essere indicato negli avvisi immobiliari, mentre per affitti e vendite è necessario procurarsi un APE, che indica in modo semplice la classe energetica con un sistema simile a quello degli elettrodomestici, con la classe migliore che è indicata con A4 e la peggiore G, che sono calcolate senza un confine preciso tra una classe e un'altra, anche in riferimento alla forma e al volume della specifica casa, oltre che ai gradi giorno, e al confronto con l'edificio di riferimento standard.

La certificazione energetica viene redatta da un tecnico specializzato che la deposita di solito anche in Regione. Sono un italiano e vivo nel Sud Italia, e seguo e applico la normativa italiana nelle certificazioni, ci mancherebbe altro, ma nei miei progetti preferisco attingere a piene mani alla "Direttiva Tecnica CasaClima", uno strumento di grande qualità, che fornisce risultati esatti e non premia i furbetti.

Faccio un esempio: la maggior parte dei problemi in un edificio – dispersioni, errori nei calcoli, punti freddi, muffe – dipendono o sono accentuati dai ponti termici, cioè zone in cui la capacità di isolamento termico dell'involucro è minore, come il classico pilastro inserito nel muro, o un angolo di muratura, o un balcone in calcestruzzo.

Ancora oggi, però, anche sugli edifici di nuova realizzazione, la normativa italiana permette di realizzare costruzioni in cui esistono ponti termici, tenendone in qualche modo conto nei calcoli termici.

Questo è inconcepibile per la chi ha adottato la filosofia che sta dietro la sopracitata direttiva, in quanto i ponti termici nei nuovi edifici sono sempre evitabili e prevedibili, quindi andrebbero semplicemente eliminati dalle progettazioni.

SEGRETO n. 7: i ponti termici nei nuovi edifici sono sempre evitabili e prevedibili, e andrebbero semplicemente eliminati dalle progettazioni.

L'impianto elettrico deve essere realizzato a regola d'arte, in modo da svolgere bene il suo compito di alimentare tutte le apparecchiature elettriche, gli elettrodomestici, gli elementi illuminanti senza surriscaldarsi e nella massima sicurezza. Da anni è obbligatorio che gli impianti siano dotati a monte di una protezione differenziale, il "salvavita", e a valle di un impianto di terra coordinato con il salvavita.

Si tratta di materia delicata e chi interviene sull'impianto, anche per piccole modifiche e integrazioni, deve essere qualificato, essere in possesso dei requisiti di legge ed essere iscritto in speciali elenchi delle Camere di Commercio. Questa iscrizione permette agli elettricisti di emettere, a fine lavoro, la "dichiarazione di conformità". Se l'installatore è restio a farla, è possibile che non sia qualificato, pertanto meglio diffidare.

Tutti i cavi, quando vengono attraversati dalla corrente elettrica, si riscaldano. Un elettrodomestico performante come una lavatrice, un phon, una piastra a induzione, un forno elettrico, un bricco per riscaldare l'acqua, tutti con potenza superiori a 2 Kw, deve essere alimentato con cavo di adeguato spessore, e la sua spina deve essere inserita nella presa giusta, assolutamente senza l'uso di adattatori, doppie prese e ciabatte cinesi.

SEGRETO n. 8: occorre alimentare nel modo giusto tutte le apparecchiature elettriche per evitare surriscaldamenti e corto circuiti, quindi consiglio di disfarsi al più presto, senza remore, di tutti gli adattatori.

Le nostre abitudini sono in evoluzione e utilizziamo televisori sempre più grandi e performanti, integrati da lettori di dvd, decoder di pay-tv, computer, impianti dolby surround, videogiochi ed altro. L'ultima stesura delle norme sugli impianti elettrici domestici prescrive, in vicinanza del primo televisore della casa, otto prese fisse nel muro. In questo modo è possibile fare a meno di utilizzare adattatori, ciabatte e prese multiple.

Non le ho mai viste otto prese dietro un televisore, ma attenzione quando viene emessa dall'installatore una dichiarazione di conformità, nonostante dietro la tv non ci siano ben otto prese elettriche proprie dell'impianto, l'impianto non è a norma e la dichiarazione può essere considerata falsa, soprattutto se nel frattempo è stata utilizzata per corredare una dichiarazione di agibilità allegata ad un contratto di compravendita..., quindi massima cautela!

L'impianto elettrico domestico viene di solito realizzato secondo uno schema che prende il nome di TT, concepito come il terminale di un impianto più complesso, esterno al fabbricato, che trae origine da un trasformatore in cabina e attraverso cavi aerei o interrati raggiunge il contatore di ogni utenza. Il trasformatore in cabina è dotato di messa a terra e anche il terminale domestico deve essere dotato di una "messa a terra", da cui la sigla TT.

In questo modo si chiude il circuito di sicurezza attraverso un cavo improprio, che è il terreno compreso tra il sistema dei dispersori del trasformatore con quello del singolo fabbricato. L'impianto di terra è quindi, in un sistema TT, assolutamente necessario: se non c'è va fatto realizzare al più presto da parte di un installatore qualificato, il semplice salvavita può non essere sufficiente.

Colgo l'occasione per raccomandare a tutti l'opportunità di azionare il salvavita col suo pulsantino ogni tanto, perché tende a bloccarsi e potrebbe non funzionare proprio quella volta in cui serve. Quindi, quando è possibile, senza creare disservizi, si dà un colpetto sul pulsantino e lo si fa scattare, così si mantiene sempre efficiente, allenato. Non far passare mai un anno senza azionarlo almeno una volta, ma se ci sono bambini in giro fatelo anche ogni mese.

L'impianto idrico viene realizzato per alimentare la cucina e i bagni con acqua fredda e calda. Se la dimensione dell'appartamento o della casa non consente di semplificare l'impianto, tutte le utenze vanno servite da collettori di acqua calda e fredda vicini all'utilizzazione. Quando si richiede acqua calda il volume d'acqua fredda, potabile, contenuto nelle tubazioni, viene sprecato in attesa che arrivi la calda.

La norma Uni 9182:2014, fissa in 3 litri il contenuto massimo di acqua che la tubazione può contenere dal punto di prelievo al punto di consegna, e questo accade solo se in una tubazione di diametro ordinario non si superano i 9 metri, circa, di lunghezza tra erogatore e collettore. Anche qui possono nascere contenziosi legali.

L'impianto di riscaldamento autonomo è di solito alimentato da una caldaietta murale a gas e gli elementi di emissione sono radiatori in ghisa o alluminio che funzionano ad alta temperatura, oppure caldaie a condensazione alimentano soffitti o pavimenti radianti a basse temperature. Sono diffusi anche impianti alimentati a biomasse, cippato, pellet, legna da ardere, sempre più rari invece gli impianti a gasolio.

La tendenza a rendere gli impianti autonomi tra un'unità abitativa ed un'altra si è per fortuna invertita, così ora, potendo disporre di nuovi strumenti di misura che permettono con maggiore facilità e precisione di contabilizzare il calore consumato da una singola unità, si può tornare a preferire impianti centralizzati a servizio di più unità abitative, realizzando impianti più efficienti, più economici, più facili da manutenere.

I fumi sono ora più concentrati e scaricati in atmosfera nella parte più alta dell'edificio attraverso canne fumarie efficienti e controllabili e non più sparati in tutte le direzioni dagli scarichi pressurizzati delle caldaiette autonome, anche a quote bassissime, con enormi vantaggi per l'aria in basso, che non viene inquinata proprio nella zona dove viene utilizzata per respirare.

SEGRETO n. 9: gli impianti centralizzati a servizio di più unità abitative sono più efficienti, meno inquinanti, più economici, più facili da manutenere e danno meno responsabilità.

RIEPILOGO DEL CAPITOLO 3:

- SEGRETO n. 1: la nostra acqua potabile è quasi tutta di provenienza da falde sotterranee, filtrata per mesi o anni nel profondo delle montagne, ed è pura e preziosa.
- SEGRETO n. 2: le bottiglie di acqua da bere viaggiano su gomma, inquinando, e vengono scaricate nei depositi dei grossisti in grossi cumuli, quasi sempre all'aperto, e magari sostano sotto il sole per settimane, inquinandosi.
- SEGRETO n. 3: i nostri acquedotti distribuiscono quasi ovunque acque di qualità, quasi tutte classificabili come minerali per contenuto di sali, e non è comprensibile perché consumiamo tanta acqua confezionata.
- SEGRETO n. 4: se l'acqua del rubinetto non piace così com'è, si può trattare in casa con un semplice filtro ai carboni attivi, o, se è proprio necessario, con un impiantino più spinto.
- SEGRETO n. 5: è molto importante smaltire nel secco alcuni oggetti: carta, cicche, piccoli rifiuti, senza usare lo scarico del bagno.
- SEGRETO n. 6: quando si riducono in modo corretto i consumi energetici si ottiene, come effetto collaterale, un sensibile aumento del comfort ambientale.

- SEGRETO n. 7: i ponti termici nei nuovi edifici sono sempre evitabili e prevedibili, e andrebbero semplicemente eliminati dalle progettazioni.
- SEGRETO n. 8: occorre alimentare nel modo giusto tutte le apparecchiature elettriche per evitare surriscaldamenti e corto circuiti, quindi consiglio di disfarsi al più presto, senza remore, di tutti gli adattatori.
- SEGRETO n. 9: gli impianti centralizzati a servizio di più unità abitative sono più efficienti, meno inquinanti, più economici, più facili da manutenere e danno meno responsabilità.

Capitolo 4:
Come massimizzare il comfort

Quando entriamo in un ambiente interagiamo con la stanza mettendoci in equilibrio con essa, con l'aria contenuta dal locale, e avvertiamo se è fresca o calda. Ci rendiamo immediatamente conto se l'ambiente è gradevole o no, per noi, in base alla nostra sensibilità personale e alle nostre esperienze immediatamente precedenti, ed anche in base a come siamo vestiti, al grado di isolamento termico degli abiti che indossiamo.

Avvertiamo anche se l'aria è secca, troppo secca per noi, mentre se il grado di umidità è quello giusto non percepiamo alcun fastidio. La luce naturale della stanza influisce immediatamente, e partecipa al primo grado di "giudizio" da protagonista. Colpisce se è tanta, o se è poca, se ci sono contrasti forti o è diffusa.

Percepiamo piacere o fastidio anche dalle superfici, dal loro colore e dalla loro texture, avvertiamo se vi sono correnti d'aria o no, se la stanza è "ovattata" o amplifica i rumori, la voce o i suoni. Piacere o fastidio viene anche dalla percezione di odori, dall'aria pesante, se si avverte polvere, fumo.

Una temperatura ideale per tutti e per tutte le stagioni non esiste. La norma impone in inverno una temperatura massima di 20 gradi nelle nostre case, e per moltissimi va bene così fin quando siamo vestiti in modo medio, ma quando ci spogliamo possiamo avvertire brividi e fastidi anche con l'aria a 20°C, se le pareti sono fredde o se siamo noi freddolosi, e gradiremmo qualche grado in più.

In inverno per vivere in un ambiente è necessario riscaldarne l'aria, ma se vogliamo vivere in condizioni di comfort non basta che l'aria sia alla temperatura giusta, occorre che anche le superfici con le quali interagiamo abbiano una temperatura prossima a quella dell'aria.

Noi siamo come dei termostati impostati alla temperatura di 37°. Se siamo nudi, o vestiti in modo leggero, e le pareti sono fredde, con una temperatura superficiale fra i 10 e i 15 gradi, fra la nostra pelle calda e le pareti fredde si instaura un flusso di calore di tipo radiante, che trasferisce energia termica per irraggiamento dal nostro corpo verso le pareti.

Questo tipo di trasmissione del calore ha bisogno di gradienti di temperatura alti per essere performante, ma anche pochi gradi di differenza sono sufficienti per farci raffreddare, e rabbrividire. In letteratura tecnica si parla di temperatura "operante", che è la temperatura che noi percepiamo, che dipende dalla temperatura dell'aria interna al locale, ma è influenzata dalla temperatura dei vetri delle finestre, da quella della faccia interna dei muri perimetrali, del pavimento e del soffitto.

Per ottenere ambienti confortevoli bisogna agire su tutti i fronti, giusta temperatura e grado igrometrico dell'aria, giusta temperatura superficiale delle pareti, poche oscillazioni di temperatura nell'arco delle 24 ore, controllo di umidità e Co_2.

SEGRETO n. 1: per vivere in condizioni di vero comfort non basta che l'aria sia alla temperatura giusta, occorre che anche le superfici con le quali interagiamo abbiano una temperatura

prossima a quella dell'aria.

Il comfort va perseguito attraverso tutte le strade possibili, perché se non è completo non c'è benessere. Consideriamo il cavetto per ricaricare il telefonino. È forse una semplificazione eccessiva, ma mi aiuta a schematizzare. Prima di tutto lo devo trovare, quando serve. E se lo trovo vuol dire che so dove trovarlo, perché so dove l'ho lasciato. Se non so dove l'ho lasciato potrebbe essere a volte difficile trovarlo.

Ho scelto un posto per lui, e ogni mattina, quando stacco il telefonino, lo avvolgo con calma e lo ripongo nel posto che ho scelto, sempre. Senza eccezioni. Non lo lascio penzoloni con la spina inserita nella presa, che è sempre meglio non fare mai, non lo appoggio dove capita, lo ripongo semplicemente al suo posto. Investo venti secondi. Venti secondi al giorno che sono diventati un'abitudine quasi zen: avvolgo le spire del cavetto con cura, accavallo i fili solo quanto basta per tenerli in posizione ma faccio in modo che restino liberi, infatti il cavetto sceglie da solo il diametro giusto della spira senza forzare.

Lo metto lì e chiudo. Quando mi serve non devo pensare nemmeno a dove l'ho messo, so che è lì. A disposizione, pronto.

Da quando faccio così non ne ho perso più uno, né a casa né in viaggio, il cavetto invecchia col telefonino e non ho più bisogno di ricomprarlo, mai. Anzi no, lo ricompro anch'io, ma solo quando lo prende in prestito qualcuno della famiglia perché non trova più il suo.

Anche per altri aspetti della casa possiamo, se lo vogliamo, riproporre la soluzione del "cavetto", cioè creare un minimo di organizzazione, insistere per qualche giorno fino a farla diventare un'abitudine virtuosa, e poi l'abitudine virtuosa da sola elimina per sempre i circoli viziosi in cui spesso cadiamo.

SEGRETO n. 2: un'abitudine virtuosa da sola elimina per sempre i circoli viziosi in cui spesso cadiamo.

Una delle cose più importanti da fare in casa è mantenere le superfici libere. Per superfici intendo quelle orizzontali: i pavimenti, i tavoli e la parte superiore dei mobili, in tutte le stanze. Avere le superfici libere non è facile, perché tendiamo ad appoggiare le cose per un attimo e poi le lasciamo lì per tutta una serie di motivi: per distrazione, per dimenticanza, per pigrizia, perché non hanno un altro posto.

Intanto sul pavimento non dovremmo appoggiare nulla di diverso dai mobili per favorire una rapida pulizia, ma non sempre è possibile, e a volte si realizzano delle vere aree di stoccaggio che poi si consolidano, e a cui ci abituiamo.

Per tenere le superfici libere ci vuole un po' di impegno. Prima bisogna effettivamente rendersi conto che è meglio tenerle sgombre che occupate da oggetti, poi darsi delle piccole regole per sistemare le cose al loro posto. Se le cose non hanno un posto, appena è possibile glielo dobbiamo assegnare. Vedere se va bene e insistere.

SEGRETO n. 3: se le cose non hanno un posto assegnato e fisso appena è possibile glielo dobbiamo dare, verificare che vada bene e poi continuare ad usarlo: dopo un po' diventa automatico.

La pulizia diventa molto più semplice e rapida, e il disordine è una di quelle cose che depotenziano, portando via anche il buon umore, che, quando c'è, è sempre meglio non intaccare.

Sono importanti anche le geometrie della casa, non si può prescindere dalle dimensioni e dalle proporzioni se si parla di comfort, perché è molto diverso vivere in un mini o in un mega appartamento, le geometrie cambiano visibilmente, non si può generalizzare. È importante ottimizzare i percorsi, e le azioni ripetute, per semplificare al massimo le cose semplificabili.

Noi facciamo quasi sempre le stesse azioni, ma spesso le improvvisiamo, e, se non siamo concentrati, commettiamo errori e sbadataggini, e poi dobbiamo riparare, perdendo del tempo e magari facendo anche brutte figure.

Se troviamo un posto per le chiavi di casa, ad esempio, e lo rispettiamo per un po', poi diventa automatico metterle lì ogni volta che rientriamo ed è immediato trovarle. Se non lo facciamo e le appoggiamo dove capita a volte può diventare un'impresa scovarle, possono stare nell'ingresso magari coperte da un'altra cosa e le cerchiamo dappertutto senza successo; o le abbiamo portate in camera da letto o in qualsiasi posto e al momento di uscire sprechiamo tempo, e magari perdiamo il tram e facciamo tardi a un appuntamento importante.

Cominciamo la giornata in salita se gli oggetti essenziali non sono ben organizzati. Anche i mobili a volte sono posizionati in modo migliorabile per l'ottimizzazione dei percorsi che facciamo più spesso per realizzare i cicli della preparazione del cibo, del lavaggio degli indumenti, dello smaltimento dei rifiuti, della pulizia degli ambienti. Ogni ciclo può essere attuato meglio negli spazi giusti e con i giusti percorsi.

In cucina, dove arrivano i prodotti per l'alimentazione, vengono preparati i pasti, stoccati temporaneamente i rifiuti e lavate le stoviglie: è molto importante ottimizzare percorsi e attrezzatura per ridurre i tempi e migliorare i risultati. È necessario studiare le proprie abitudini e incrociare le necessità con le risorse. Se si cucina per uno, che tra l'altro è un po' triste, non è la stessa cosa che cucinare per sei, o per dieci.

Tutto deve essere funzionale e ben dimensionato, le postazioni chiave non devono interferire. Il triangolo funzionale classico ha nel primo vertice la zona dell'acqua: il lavello e la lavastoviglie, nel secondo la zona del fuoco: piano di cottura e forni, e nel terzo la zona stoccaggio in frigo.

Dovrebbe essere un triangolo ma a volte per mancanza di spazio, a volte per mancanza di progettualità, non è un triangolo ma una linea, e allora i percorsi ottimizzati saltano, l'ordine va a farsi benedire, ci si sovrappone troppo e se ci sono all'opera più persone ci si infastidisce a vicenda.

Tutto va studiato bene e rapportato tra potenzialità e necessità. È sempre meglio cercare di intervenire sui mobili, prima, e solo dopo sulla pianta, se e nella misura possibile, per ottimizzare le aree funzionali e i collegamenti tra queste.

Produciamo troppi rifiuti, a tutti i livelli, e lo smaltimento è fastidioso e costoso. Stiamo andando tutti nella direzione sbagliata, lo sappiamo, sarebbe opportuno invertire la rotta, fare qualcosa... Ma che possiamo fare a livello individuale? Il problema è troppo grande, tanto c'è chi dovrebbe risolvere queste cose, ognuno di noi pensa: "Mica posso salvare il mondo da solo, e poi oggi è stata una giornataccia...".

Invece possiamo fare molto. Ognuno di noi. È possibile, è difficile farlo bene, non è facile, ma se vogliamo possiamo fare qualcosa. Possiamo diventare artefici di una piccola rivoluzione, ridurre i rifiuti e smaltirli correttamente, riciclando con cura tutto il riciclabile. Senza pigrizia, con premura, con attenzione. Che ne ricaviamo? Intanto la soddisfazione di aver fatto la cosa giusta, non per le regole di condominio, del Comune o per le leggi vigenti, non solo per quello, ma per Noi.

Ci possiamo riappropriare dell'orgoglio di essere cittadini non nei confronti degli altri cittadini, o del condomino Tal dei Tali, ma dell'universo, quello grande, sconfinato, immenso, e anche nei confronti del nostro amor proprio, intimo e riservato.

Piccoli, piccolissimi gesti ci possono far diventare migliori non perché lo dobbiamo fare – non solo – ma perché lo vogliamo fare, perché è giusto farlo, e allora decidiamo di farlo, lo facciamo, lo facciamo bene, anzi benissimo, e tutto sarà diverso, perché saremo in sintonia con gli altri e con noi stessi. E saremo contagiosi, anzi, come si dice ora: virali!

Consideriamo una buccia di banana. La buccia di banana è famosa perché sulla buccia di banana, quando da qualcuno è stata lasciata per terra, si può scivolare, ed è diventato un luogo comune, indica quella cosa sciocca, di nessuna importanza, che però ti fa cadere. Prima considerazione è che la buccia di banana non dovrebbe stare per terra, né con la banana ancora dentro né da sola, ma dovrebbe stare altrove, perché non è bello e non è corretto gettare le cose a terra, ma tant'è il luogo comune è nato e non dobbiamo caderci, o meglio scivolarci sopra.

Immaginiamo di essere in casa e di sbucciare una banana. Ne utilizziamo, a modo nostro, la parte interna, trangugiandola o sbocconcellandola o altro, e poi ci resta la buccia, quella famosa, in mano. Cosa ne facciamo? Se siamo cittadini modello sotto il lavello della cucina abbiamo un contenitore per l'umido, in plastica lavabile e sempre foderato con cura con una busta compostabile certificata, e sempre se siamo cittadini modello il contenitore è anche semivuoto, mai strapieno e strabordante.

Allora gettiamo via con cura la nostra buccia nel contenitore, poi chiudiamo la busta e la affidiamo al servizio pubblico di smaltimento.

Cosa succede alla buccia nel sacchetto di plastica chiuso? Il suo contenuto di acqua è altissimo, forse raggiunge il 90% del peso. Nel sacchetto chiuso, in assenza di aria, la buccia umida fermenta e diventa una spugna piena di batteri, ma non perde peso, perché l'acqua contenuta nella buccia non può evaporare.

Noi paghiamo, come collettività, la trasformazione della buccia a peso, quindi paghiamo il 100% perché il suo peso non varia da quando l'abbiamo buttata via, non diminuisce, è imbustata, non si può asciugare. E poi attorno ai centri di raccolta, lungo tutta la catena di trattamento, anche in considerazione del fatto che il nostro clima è temperato caldo, la nostra buccia puzza e si sprigionano odori nauseabondi da tante bombe ecologiche in fermentazione… e magari fossero tutte bucce di banana!

E se non avessimo centrato il sacchetto dell'umido quando abbiamo lanciato la buccia fresca fresca? Se la buccia si fosse incastrata sui flessibili del lavello e fosse rimasta lì fino alla prima pulizia del mobiletto?

Si sarebbe seccata, prosciugata, avrebbe perso l'acqua, ma senza fermentare, senza puzzare, perché a secco, in aria, non sarebbe successo proprio nulla. Avrebbe assunto un colore marrone e sarebbe diventata molto simile a un pezzo di carta accartocciata, leggera e dura. Solo il 10% del peso originale.

Il mondo è bello perché è vario, e noi siamo tutti diversi uno dall'altro, ma se per un attimo pensiamo a tutte le bucce di banana non più smaltite nell'umido con sacchetti chiusi, ma smaltite dopo la permanenza per qualche tempo in un cestino areato, avremmo ridotto i costi di smaltimento dell'umido tipo banana del 90%, sferrando un duro colpo ai trafficanti di rifiuti, e riducendo drasticamente il Pil della lobby dei signori della spazzatura, scivolati su una buccia di banana!

Diventiamo precisi e rigorosi, ma senza esagerare, altrimenti i rapporti in famiglia possono peggiorare mentre pensiamo a migliorare quelli con l'universo. Tutte le procedure vanno attentamente vagliate e poi condivise, e un po' alla volta diventa uno stimolo per tutti fare la cosa giusta, e provocare l'apprezzamento degli altri.

Per avere una casa confortevole bisogna instaurare un corretto rapporto con lo smaltimento dei rifiuti domestici, perché se ci sono in casa ammassi maleodoranti, o cataste di materiali vari, il comfort va perduto.

Dobbiamo innanzitutto distinguere tra i materiali deperibili, che creano problemi di fermentazioni varie, e quelli inerti, più tranquilli, non urgenti da smaltire. Il miglior modo di affrontare il problema del corretto smaltimento dei rifiuti domestici è sempre però cercare di produrne di meno, facendo le scelte giuste in fase di acquisto, sia per i prodotti che per le loro confezioni. È opportuno organizzare bene un certo numero di contenitori in base allo spazio che si ha a disposizione.

C'è sicuramente da inserire in zona cucina una batteria di tre contenitori per umido e scarti di cibo, uno per il secco non riciclabile da discarica: confezioni di prodotti, buste non compostabili e piccoli oggetti non pericolosi; e uno per la plastica, da comprimere al massimo per non occupare spazio nel contenitore e se non c'è spazio assieme alla plastica si può stoccare anche il vetro di bottiglie e barattoli, ma non gli altri vetri come quelli di lampadari, vasi e cristalli, che non sono riciclabili. Si può aggiungere, se c'è spazio, un contenitore per le lattine di alluminio e anche uno piccolo per le pile, mentre un piccolo scatolone di cartone potrà contenere le lampadine usate.

SEGRETO n. 4: possiamo fare la cosa giusta: ridurre i rifiuti e smaltirli correttamente, riciclando con cura tutto il riciclabile, senza pigrizia, con premura, con attenzione.

Ogni comunità ha regole specifiche cui bisogna assolutamente attenersi, anche se sono a volte molte diverse da città a città, anche per quanto riguarda la denominazione dei diversi materiali e il tipo di raccolta: porta a porta, con campane e cassonetti, con le isole ecologiche.

Una cosa importante, a cui bisogna fare attenzione è quella di non depositare nulla nei pressi delle campane (o si mettere dentro o niente) infatti lasciare qualcosa fuori dal contenitore, magari perché è pieno, può apparire configurare oltre che come smaltimento non conforme anche come un'occupazione di suolo pubblico non autorizzata.

Le vere difficoltà per smaltire l'organico sono per chi abita in città, perché in campagna è più semplice, anche una piccola compostiera riceve e tratta quasi tutto l'umido senza particolari problemi, bucce di frutta fresca e secca, scarti di verdure, pose di caffè, fiori, e altri avanzi di cibo.

Quando conferiamo l'umido è molto importante stare attenti a togliere plastiche, metalli, corpi estranei, pile esauste, lampadine, confezioni di prodotti scaduti, barattoli di vetro, bottigliette e qualsiasi altra cosa, infatti nel conferimento c'è la convinzione, o almeno la speranza, che i materiali forniti, opportunamente trattati, ritornino in gioco diventando una nuova materia prima, il compost, un terriccio con ottime capacità fertilizzanti.
Se il materiale umido che conferiamo non è pulito, o contiene corpi estranei, non verrà poi utilizzato perché pericoloso per la

salute e finirà in discarica per non inquinare il compost con metalli pesanti o altro, vanificando la nostra raccolta differenziata.

La carta e il cartone ondulato non danno problemi, si possono facilmente conservare, anche a lungo, ovviamente poi vanno conferiti con le giuste modalità privati con cura di eventuali fogli plastificati, di nastri adesivi, di parti sporche. Il riciclaggio della carta e dei cartoni procura un enorme risparmio di legno, di energia e soprattutto di acqua.

Il consumo di acqua dolce potabile necessario per la produzione della carta riciclata è almeno cinque volte minore dell'*impronta idrica*, ossia il volume d'acqua necessario per produrre una merce o un servizio; della carta nuova, invece, a parte il risparmio di energia, almeno la metà, e gli alberi risparmiati, un albero in meno per ogni 20 risme di carta A4 da 500 fogli da 80g/mq, quelli usati per fare le fotocopie, ad esempio.

La plastica delle bottiglie di acqua da bere si potrebbe proprio eliminare installando in casa un impiantino per filtrare l'acqua: ce ne sono di semplicissimi e di vario tipo, ma fanno risparmiare la fatica del rifornimento di acqua dal negozio a casa, con carichi a volte mostruosi che inducono a dire: "Adesso ci troviamo, prendiamo un altro po' d'acqua".

Parlo di acqua imbottigliata in un'altra parte del volume ma vorrei precisare che alcune delle centinaia di acque da bere in vendita nei market non sono imbottigliate alla sorgente, ma sono prodotte in una fabbrica urbana che si fornisce dall'acquedotto, forse lo stesso di casa nostra, quindi fate attenzione.

Anche le bottiglie di vetro usa e getta sono evitabili. Per la passione che ho per la bioingegneria frequento da anni la città di Bolzano, e ogni tanto entro in uno dei market della città. Vicino all'ingresso ci sono ampi spazi per la gestione dei vuoti di ogni marca, tutta automatizzata, e le bottiglie di vetro di acqua e birra sono tutte a rendere come si faceva una volta, non c'è più praticamente nessun vuoto a perdere, non si butta più nulla, mentre da noi...

Potremmo tutti cominciare a preferire acquisti con vuoti a rendere, meno scarti, meno rifiuti, meno costi e più qualità. Anche le lattine di alluminio, per chi ne fa uso, vanno assolutamente conferite tutte, nessuna esclusa; in termini di impronta ecologica l'alluminio, materiale dalle straordinarie caratteristiche, comporta enormi consumi di energia per la produzione di nuovo metallo a partire dal minerale base, mentre dall'alluminio riciclato è una passeggiata.

Le pile scariche sono pericolose se vengono smaltite mischiate agli altri rifiuti, vanno tenute da sole e poi portate nei contenitori disponibili negli stessi posti dove vengono vendute. Anche le piccole, quelle degli orologi delle fotocamere, vanno trattate tutte cura perché sono inquinanti, ed è facilissimo conservarle in una scatola per portarle ogni tanto nei contenitori giusti.

Le lampadine col filo di tungsteno non si trovano più e quelle di adesso sono un concentrato di tecnologia, di vario tipo, tanti tipi, ma tutte si basano su semiconduttori, diodi, led, gas. Non si possono smaltire nei rifiuti urbani e vanno conservate da parte per essere portate nei posti dove si trovano le lampadine nuove, e anche loro possono inquinare molto se vengono smaltite in modo scorretto.

Per i farmaci scaduti bisogna fare due considerazioni: la prima è che si tratta di sostanze particolari, diversissime tra loro, ma ancora attive anche se sono scadute. Se il corretto modo di conservare i farmaci in casa è al fresco, in un luogo non accessibile ai bambini, il corretto modo di smaltirli è di portarli in farmacia, tutte le farmacie sono provviste di un contenitore metallico con un piccolo cassetto che permette l'ingresso solo di piccoli oggetti.

Questo contenitore è fatto in questo modo perché le confezioni dei prodotti devono essere aperte a casa, prima di uscire, la scatolina di cartoncino e il bugiardino di carta velina vanno smaltiti nella carta, sono riciclabili, mentre i flaconi, le fiale, i blister, i tubetti vanno portati nudi in farmacia e posti uno alla volta, personalmente, all'interno del contenitore speciale.

La scelta dei farmaci scaduti avviene in ognuna delle nostre case ogni tanto, diciamo almeno ogni sei mesi, e così si accumulano diverse confezioni che non abbiamo consumato del tutto, anche perché siamo un popolo fatto così, la percentuale di chi porta a termine una terapia è bassissima, ai primi sintomi di miglioramento smettiamo di prendere i farmaci prescritti, che in questo modo avanzano e poi scadono.

Ne abbiamo molti e la busta può essere anche grande, e spesso è troppo grande per essere infilata tutta intera nel contenitore.
È molto importante non lasciare mai la busta dei farmaci scaduti incustodita accanto al contenitore, anche se troppo grande per essere infilata nel cassettino, e anche se scomoda da svuotare, o non c'è tempo per farlo.

I farmaci abbandonati fuori potrebbero essere facilmente trafugati da malintenzionati senza scrupoli e riutilizzati artigianalmente in modo improprio, assieme ad altre sostanze e poi messi in vendita per lo sballo del week-end dei ragazzi. Quindi, mi raccomando, mai più farmaci di qualsiasi tipo lasciati incustoditi vicino al contenitore, ma solo ben inseriti all'interno.

SEGRETO n. 5: attenzione! I farmaci abbandonati vicino al contenitore sono facilmente trafugabili da malintenzionati senza scrupoli e riutilizzati assieme ad altre sostanze. Mai più farmaci lasciati incustoditi, mi raccomando.

Un'altra cosa da non fare mai è immettere nel lavello della cucina, o nel water, è lo stesso, l'olio delle cotture, ha una straordinaria capacità di turbare il funzionamento dei depuratori, perché fa da schermo impermeabile riducendo il contatto tra i liquami e l'aria, necessario per l'ossidazione.

RIEPILOGO DEL CAPITOLO 4:

- SEGRETO n. 1: per vivere in condizioni di vero comfort non basta che l'aria sia alla temperatura giusta, occorre che anche le superfici con le quali interagiamo abbiano una temperatura prossima a quella dell'aria.
- SEGRETO n. 2: un'abitudine virtuosa da sola elimina per sempre i circoli viziosi in cui spesso cadiamo.
- SEGRETO n. 3: se le cose non hanno un posto assegnato e fisso appena è possibile glielo dobbiamo dare, verificare che vada bene e poi continuare ad usarlo: dopo un po' diventa automatico.
- SEGRETO n. 4: possiamo fare la cosa giusta: ridurre i rifiuti e smaltirli correttamente, riciclando con cura tutto il riciclabile, senza pigrizia, con premura, con attenzione.
- SEGRETO n. 5: attenzione! I farmaci abbandonati vicino al contenitore sono facilmente trafugabili da malintenzionati senza scrupoli e riutilizzati assieme ad altre sostanze. Mai più farmaci lasciati incustoditi, mi raccomando.

Capitolo 5:
Come rendere sicura la tua casa

Rendere la casa meno vulnerabile riguardo alle effrazioni diventa sempre più necessario. In Italia viene denunciato un furto in appartamento ogni due minuti. Tenere fuori di casa i ladri è una lotta per approssimazioni successive, si cerca di fare quello che impedisce al ladro medio di entrare ma se poi ne arriva uno più evoluto allora bisogna fare di più. Non ha senso trasformare una casa in un fortino inespugnabile e ci si pone sempre in una situazione di sicurezza relativa.

Fra gli accorgimenti da adottare ci sono tutte cose che limitano poi l'uso della casa da parte degli occupanti, aumentano le difficoltà e i fastidi, ma l'esperienza di aver subito accessi di persone indesiderate in casa, nei posti più intimi, e magari anche in presenza degli abitanti, è ben maggiore sia per il senso di vulnerabilità che la casa assume intaccando l'aura di protezione che ci dava prima dell'effrazione, sia per la difficoltà di sostituire oggetti carichi di ricordi, al di là del valore venale.

Siccome non possiamo, o non vogliamo, trasformare la nostra casa in Fort Knox, bisogna giocare sulla riduzione delle probabilità che i ladri entrino.

SEGRETO n. 1: i ladri hanno poco tempo, quindi bisogna fare in modo che entrare in casa sia il più difficile possibile.

Preferiscono entrare dalla porta, quindi la porta deve essere robusta, blindata, con serratura sempre chiusa fino a tutte le mandate possibili. Il cilindro dove si inserisce la chiave, che è il punto più vulnerabile, non deve assolutamente sporgere dal filo della porta, perché se sporge è molto più facile spaccarlo con un colpo secco sulla parte sporgente. Se non sporge si può però forare con un trapano a batteria e una punta adatta, poi, una volta forato, si fanno cadere i nottolini e la serratura può girare.

Una seconda sicurezza è la maschera magnetica sul cilindro, ossia un schermetto a ghigliottina che copre il cilindro nascondendolo alla vista e può essere rimosso solo sovrapponendogli il suo gemello magnetico, che si tiene assieme alle chiavi. Anche questo schermo può essere rimosso dai ladri, ma è molto difficile farlo in fretta e allora, se possono, essi scelgono un'altra porta, primo poiché non vogliono grane, secondo perché associano alla serratura schermata anche l'idea di una buona serratura, più difficile da aprire nei tempi ridotti di cui dispongono. La porta deve essere bene illuminata, perché i ladri non vogliono essere visti, detestano stazionare in una zona con troppa luce.

La porta deve essere sempre illuminata, con una lampada difficile da disattivare, azionata da un inseritore astronomico o che si accende quando c'è una persona nella prossimità della porta.

Molto interessante è valutare di avere una prima luce sempre accesa sulla porta esterna e utilizzare una luce posta all'interno della casa, ma visibile dall'esterno, che si accende quando nei pressi della porta c'è una presenza: questa seconda luce è poco diffusa e il ladro può avere la sensazione che all'interno si siano accorti di qualcosa e allora, se può, sceglie di andare da qualche altra parte.

La casa deve sembrare sempre abitata quando arrivano i ladri, devono credere che dentro, in quel momento, ci sia qualcuno. Per ottenere questo effetto c'è bisogno di un po' di impegno perché bisogna agire all'interno della casa da un punto di vista impiantistico con la partenza di un televisore che proietti anche la luce delle immagini all'esterno di una finestra nelle ore serali o di un impianto radio durante il giorno.

La porta deve avere lo zerbino sempre al suo posto, quindi occorre fare accordi con la ditta di pulizie perché è prassi lasciare lo zerbino arrotolato dopo il lavaggio delle superfici. La cassetta delle lettere deve essere sempre vuota o non si deve vedere il contenuto dall'esterno.

I ragazzi che distribuiscono le pubblicità, i volantini, inviti e buoni sconti vengono pagati solo se consumano tutto il materiale affidato da distribuire, quindi ne dispensano in gran numero soprattutto davanti alle porte chiuse da qualche giorno, il risultato è quindi una fioritura di carte che fuoriesce dalla cassetta costituendo una prova che in casa non c'è nessuno.

Per evitare questo, soprattutto in caso di assenza per più di un giorno, non si può fare altro che "corteggiare" un vicino che sta sempre in casa e chiedere la cortesia di ritirare, quando prende la sua corrispondenza e la pubblicità, anche la vostra dalla cassetta, ed eventualmente innaffiare anche le piante fuori dalla porta, se ve ne sono.

SEGRETO n. 2: la casa deve sembrare sempre abitata, i ladri devono credere che ci sia qualcuno in casa in quel momento, per cui la soglia deve essere pulita, lo zerbino a posto e la cassetta delle lettere sempre vuota.

La differenza rispetto al passato è che le nostre case sono sempre più vuote sempre più a lungo e quindi sono molto più vulnerabili, ma con gli accorgimenti descritti sembreranno da subito meno disabitate anche al primo sguardo del ladro più scadente.

Oggi i ladri di appartamento non rubano più come una volta per sopravvivere, ma, e soprattutto quelli stranieri, rubano per vivere alla grande, e quindi sono diventati più abili nei furti, si sono industriati bene, non aspettano più il weekend per agire in un appartamento ben studiato e segnalato, lo fanno nei giorni normali e a tutte le ore, e, cosa nuova, anche con le persone in casa: ad ogni "spedizione" "visitano" decine di case.

Lavorano spesso a caso, scelgono una zona e decidono di entrare dove sembra loro più facile, dove apparentemente non c'è nessuno, dove non si notano impianti di allarme sofisticati, dove non c'è molta luce, dove possono eventualmente fuggire rapidamente, magari utilizzando proprio l'auto di casa, aperta con le vostre chiavi, sì, proprio loro, prelevate sul tavolino dell'ingresso o, peggio, sul vostro comodino.

Aumentare la sicurezza della casa quel tanto che basta per dissuadere i ladri è un'arte, loro sono molto agili e rapidi, a volte anche attrezzatissimi e sfruttano tutte le possibilità di ingresso. Ogni caso è diverso, ma possiamo sicuramente fare qualcosa come montare un impianto antifurto. A questo proposito è molto importante che l'impianto sia semplice, realizzato da persone di fiducia e con materiali di qualità.

L'impianto è composto da una centralina, da sensori, da

combinatori telefonici e sirene. I sensori sono di infiniti tipi, colgono le aperture, le vibrazioni, le temperature, i passaggi, le masse ed altro, e possono essere cablati o senza fili, wireless o Wi-Fi. Da evitare se possibile perché tutti tendiamo a dimenticarcene e non cambiamo mai le loro batterie in tempo, però quelli cablati sono più fastidiosi da realizzare per i cavi da posare.

Sirene di solito ne faccio montare sempre due: una potentissima all'interno nella zona dove presumibilmente i ladri possono entrare più facilmente, ed una esterna montata nel punto più inaccessibile della casa ma ben visibile dall'esterno. In questo modo la sirena esterna non può essere disattivata facilmente perché è fuori portata e non la possono manomettere o rendere afona prima di attaccare la porta, mentre quella interna, essendo potente, li infastidisce, anche perché non riescono a capire se ce ne siano delle altre e allora può darsi che cambino aria senza portare via nulla.

Anche i combinatori telefonici devono essere due, uno su rete fissa ed uno su rete cellulare, con scheda sempre carica, almeno una volta all'anno, altrimenti scade e, anche se c'è il credito, entrano i ladri e non avverte nessuno. Le mie le carico con pochi euro due volte l'anno in date stabilite, e segnate sull'agenda, tanto il credito c'è già... è solo l'attività del caricare la scheda che ne allunga la validità. Ho scelto 21 marzo e 21 settembre, ma vanno bene tutte le date, purché fra due ricariche non passi mai il tempo di cancellazione della carta.

Una volta attivato l'impianto i sensori controllano quello che devono controllare e quando viene varcata la loro soglia di intervento inviano un segnale alla centralina. La centralina è il cuore dell'impianto e deve essere di qualità, ben nascosta e lontana dalla porta di ingresso o dal luogo in cui si può entrare più facilmente.

Il montaggio e il collaudo devono essere eseguiti con cura maniacale perché altrimenti diventa un inferno di falsi allarmi: appena scatta un sensore o manca la corrente o c'è una situazione non ben valutata, l'impianto parte, attiva le sirene e telefona a tutti i numeri impostati, creando una situazione di allarme a qualsiasi ora del giorno e della notte, anche per polizie private e amici.

È utile utilizzare anche telecamerine che possano tranquillizzare con una sola occhiata in caso di falso allarme ma, quando gli ambienti da controllare sono diversi, diventa difficile gestire molte telecamere da remoto, e non è agevole soprattutto se ci si trova in viaggio, tra roaming e linee strane.

SEGRETO n. 3: l'impianto antifurto ci vuole, ma deve essere pensato e realizzato bene, anzi benissimo, in modo che si attivi sempre e solo quando serve, evitando tutti i falsi allarmi prevedibili.

Per il rischio idrogeologico bisogna valutare se la casa si trova in una zona instabile soggetta a frane, o in una zona stabile dove potrebbero però riversarsi i materiali provenienti da frane, e, più raramente, da slavine. Il sito potrebbe essere esposto anche a rischio idrogeologico, per la vicinanza di corsi d'acqua o bacini, oppure potrebbe essere esposto al fuoco di incendi: pericolo da scongiurare controllando le carte delle aree percorse storicamente dal fuoco, oltre alla carta geolitologica d'Italia e quelle dei dissesti.

Il Corpo forestale dello Stato rileva e cataloga continuamente ogni incendio boschivo, ossia un "fuoco con suscettività ad espandersi su aree boscate, [...] comprese eventuali strutture poste all'interno delle predette aree, [...]", che abbia prodotto danni apprezzabili sulle superfici coperte da boschi composti da piante tali da ricoprire più della metà del terreno e siano capaci di avere un ruolo, anche indiretto, sul regime delle acque piovane e sul clima, che, in termini tecnici, abbiano un'"insidenza" di oltre il 50%.

L'Istat ha pubblicato nel 2010 i dati del pacchetto di incendi dal 2000 al 2009 in Italia, e sono stati catalogati più di 7.200 incendi l'anno, che hanno distrutto più di 80.000 ettari di boschi e aree limitrofe ogni anno, cioè uno spazio grande quanto 150.000 campi di calcio regolamentari.

SEGRETO n. 4: in Italia ogni anno gli incendi distruggono più di 80.000 ettari di bosco, cioè la stessa superficie di 150.000 campi di calcio regolamentari.

Alcune zone sono anche a rischio vulcanico, attorno al complesso Somma Vesuvio, la zona dei Campi Flegrei e l'isola d'Ischia in

Campania, la zona attorno all'Etna e le isole Eolie in Sicilia. I vulcani hanno sempre avuto un grande fascino per me, e ogni volta che ne vedo uno mi viene un senso di profondo rispetto nei confronti di un qualcosa di particolare, uno dei punti di interconnessione tra la superficie del pianeta e gli strati più profondi della crosta terrestre, un concentrato di forza e di mistero, una dimensione sovrumana.

Walt Disney, nel cercare un luogo "magico" per la casa della strega Amelia, la colloca lontanissimo da Paperopoli, proprio sul Vesuvio, il vulcano che si affaccia sul Golfo di Napoli, che molto probabilmente è la caldera di un vulcano primordiale che tanto ha eruttato, tanto ha eruttato, su migliaia di chilometri quadrati, che si è completamente svuotato. La grande montagna dal peso enorme ha sfondato il diaframma di crosta che non ha retto e si è creato uno sprofondamento enorme, esteso tra il Golfo di Napoli e le isole.

La grande montagna, svuotata sotto, dev'essersi inabissata in un miscuglio fantastico tra magmi fusi, rocce antiche, minerali di tutti i tipi e tanta tanta acqua di mare che si riversava copiosa in un turbinio di scoppi, eruzioni, evaporazioni violente, flussi e "surge" piroclastici, e poi alla fine ha vinto, temporaneamente, il mare; la roccia si è raffreddata e consolidata, chiudendo il canale magmatico del cratere centrale e da qui si è creato il Golfo di Napoli. Ma sotto il tappo l'attività vulcanica è rimasta attiva e piano piano, tutt'intorno al Golfo, sono comparsi i Campi Flegrei, con i crateri ora spenti, la Solfatara di Pozzuoli, l'isola d'Ischia.

A Sud-Est il monte Somma, un vulcano a forma conica, è cresciuto gradualmente verso la pianura Nolana, verso Nord, alternando fasi di attività effusiva e fasi esplosive, con strati di prodotti sovrapposti, lave, lapilli, prodotti piroclastici, pomici, basalti, e poi anche lui è stato artefice e vittima di un'attività esplosiva intensissima che ha provocato un crollo ed una caldera interna parziale, che ha tappato il canale centrale.

Ma la forza del magma tappato, dopo un periodo di quiescenza, si è rifatta viva sul bordo meridionale del Somma, verso il mare, ed è nato finalmente il Vesuvio, proprio Lui, "figlio" del Somma e "nipote" del Primordiale, il Vulcano della strega Amelia, e di Pompei, di Ercolano, di Stabiæ, di Boscoreale, il Vulcano dell'eruzione pliniana.

Attualmente attorno al Vesuvio e agli altri vulcani attivi permane un alto grado di rischio vulcanico, dovuto all'enorme esposizione di urbanizzazioni, case, strade, abitanti numerosi, con piani di evacuazione di vario tipo e monitoraggi continui da parte degli osservatòri locali e dell'Ingv, con mappe per ciascun sito, e comportamenti da tenere in considerazione sia in fase di quiescenza sia in fase di emergenza. Si pensi che anche il traffico aereo viene interessato, perché le polveri sottili disperse nell'atmosfera durante un'eruzione oltre a ridurre la visibilità possono produrre danni ai motori.

SEGRETO n. 5: molti italiani risiedono in zone pericolose dal punto di vista sismico e/o vulcanico. È opportuno prendere atto della pericolosità del sito e agire di conseguenza, magari, chi può, sfruttando la defiscalizzazione.

I recenti eventi tellurici in Italia centrale hanno sollevato con forza la necessità dei cittadini di capire cos'è il rischio sismico.
Il rischio sismico si compone di tre elementi fondamentali: il

primo è dato dalla pericolosità del sito, così come individuato dalle mappe di sismicità, di cui si parla anche in un'altra parte dell'e-book; il secondo elemento è dato dalla vulnerabilità dell'edificio; ed il terzo punto è dato dalla presenza stessa dell'edificio in quella zona. Se non ci sono edifici in una zona sismica non c'è rischio che gli edifici si danneggino o crollino durante un evento sismico perché non vi è nulla che si espone al rischio.

Se ci sono gli edifici questi però dovrebbero essere poco vulnerabili in relazione alla zona in cui vengono costruiti, come avviene ad esempio in Giappone o in Nuova Zelanda. Da noi invece sono stati prima costruiti quasi tutti gli edifici e poi sono state dichiarate le zone sismiche.

La casa tradizionale in Italia è stata costruita prima del 1971, ed ha una struttura in muratura portante che non può mai essere antisismica in base alla norma, in quanto la prima norma sismica è la Legge 64 del 1974. Una stima Ance-Cresme del 2012 dice che tali costruzioni sono più di sette milioni, pari a circa il 60% del patrimonio edilizio abitativo nazionale. Poi vi sono altri tre milioni di costruzioni realizzate tra il 1971 e il 2003 con norme simiche superate e/o in zone dichiarate sismiche successivamente alla costruzione.

Come previsto dalle "Linee Guida per la Classificazione del Rischio Sismico delle Costruzioni" allegate al D.M. n° 58 del 28 Febbraio 2017, la classificazione sismica degli edifici con struttura portante in muratura può essere effettuata adottando un metodo semplificato per il quale sono previste otto Classi di Rischio, con rischio crescente da A*+ a G*. L'asterisco indica che la classe viene assegnata col metodo semplificato.

Cerco di descriverlo, anche se è materia delicata, riservata agli specialisti. Si assegna una classe media di vulnerabilità, da V1 a V6, specifica per la tipologia di costruzione in funzione della tipologia di muratura prevalente.

Poi si cercano eventuali peculiarità negative delle murature in esame, come ad esempio: una scarsa qualità costruttiva, un elevato degrado o danneggiamento, pannelli murari e solai male ammorsati tra loro, aperture di grandi dimensioni intervallate da maschi murari di ridotte dimensioni, presenza di nicchie che riducono significativamente l'area resistente della muratura, pareti di elevate dimensioni non adeguatamente controventate, pannelli murari a doppio strato con camera d'aria, assenza di cordoli, irregolarità, in pianta e/o in altezza.

In presenza di caratteristiche negative il metodo semplificato fa diminuire la classe assegnata, che può quindi essere mantenuta dall'edificio solo se non esistono negatività o se si interviene per eliminarle. La classe di vulnerabilità, relativa all'edificio, assieme alla zona sismica nella quale ricade il fabbricato, porta all'assegnazione della classe di rischio. Ad esempio, un fabbricato con classe di vulnerabilità 5* assume una classe di rischio F* in zona sismica 1, mentre in zona sismica 2 lo stesso edificio avrebbe una classe di rischio minore, E*.

La sicurezza sismica delle nostre case dovrebbe essere garantita da una struttura antisismica, cioè un'ossatura progettata e realizzata in modo tale da resistere ai terremoti. Proverò a fare una descrizione semplice di un evento sismico, senza scendere troppo nei dettagli tecnici.

All'interno della crosta terrestre, in profondità, si accumulano sempre tensioni fra gli strati di roccia. Quando le tensioni diventano troppo forti per la resistenza di uno strato questo si rompe nel suo punto più debole e questa rottura, istantanea e violenta, libera una scarica di energia meccanica che giunge in superficie in un punto, detto epicentro, posto proprio sulla verticale dell'ipocentro, ossia il posto della rottura profonda.

Dall'epicentro vengono irradiate tutt'intorno onde circolari, come quelle che si formano gettando una pietra in uno specchio d'acqua, e queste onde provocano sulla superficie del terreno dei movimenti orizzontali e verticali alternati sempre più deboli man mano che ci si allontana dall'epicentro.

L'intensità dei terremoti viene rappresentata in tutto il mondo con varie scale. Le scale più note in Italia sono la scala Richter, la più usata dai giornalisti, e la scala Mercalli.

La scala Richter indica la magnitudo del terremoto, ossia l'energia sprigionata dall'evento nel suo punto di origine. È una scala di tipo logaritmico, quindi i suoi gradi indicano dei valori crescenti in modo non lineare ma esponenziale, cioè se per esempio un terremoto è di quarto grado Richter e uno di quinto grado Richter, quello di quinto ha sprigionato un'energia che non è il doppio dell'altro ma molto di più, circa trenta volte di più, e uno di sesto grado, sempre rispetto a quello di quarto grado, ha sviluppato una magnitudo di circa mille volte di più.

La scala Mercalli invece si occupa dell'energia del terremoto in modo indiretto, attraverso i danni causati alle strutture costruite dall'uomo, ed è significativa per gli eventi che interessano aree abitate. Si può quindi verificare che un terremoto forte di quinto o sesto grado Richter in un luogo isolato e desertico produca un valore della scala Mercalli molto basso, mentre un quarto grado Richter possa produrre danni gravissimi, e alti gradi Mercalli, su un territorio con costruzioni fragili e antiche.

Se la zona interessata dal terremoto è desertica, disabitata, anche un terremoto con una grande energia non provoca alcun danno, perché non c'è nulla che si possa danneggiare. Da noi in Italia invece quasi tutto il territorio è utilizzato dall'uomo da migliaia di anni, per la posizione in mezzo al mare, la mitezza del clima, la fertilità dei terreni, la bellezza del paesaggio e non vi sono zone desertiche o disabitate, abbiamo attirato colonizzatori e invasori da sempre.

Quando si verifica un terremoto le oscillazioni più pericolose, quelle orizzontali, fanno muovere gli edifici in una direzione accelerando e subito dopo frenando e ripetendo questo giochetto per diverse volte, anche per un tempo lungo alcuni minuti. Le nostre case non sempre sono in grado di resistere a queste sollecitazioni e possono danneggiarsi anche gravemente.

Tutto il territorio italiano è ormai stato dichiarato sismico, e le vecchie zone sismiche sono state ridimensionate allargando le zone di prima categoria, la più pericolosa, includendo zone originariamente di seconda e di terza, mentre quasi tutte le zone che non erano considerate sismiche ora sono di quarta categoria, la meno pericolosa.

Le norme individuano sul territorio le zone sismiche e dettano i requisiti minimi che le costruzioni devono possedere per assorbire i terremoti più probabili nella zona senza crollare.

In effetti, anche se le zone sismiche hanno ancora una ragione concettuale di esistere, in pratica già dal 2008 la sollecitazione di progetto deriva esclusivamente dalle coordinate precise del sito, e lo "spettro" delle sollecitazioni cui assoggettare l'edificio da progettare o verificare deriva da uno specifico calcolo prodotto da programmi autorizzati dal Ministero e dipende solo dalle coordinate del sito, e cambia da punto a punto.

Ciò rende praticamente superate le zone sismiche, che rappresentano soltanto ormai il luogo dei punti che presentano uno spettro con valori compresi in un certo intervallo, anche se ciò che si utilizza è proprio lo specifico spettro del punto interessato dalla costruzione.

Nel seguito citerò anche qualcosa sul dibattito in corso sulla bontà della norma in vigore, ma la gran parte del patrimonio edilizio esistente in Italia è stato costruito in regola con le norme al momento della costruzione e non si trova in regola adesso che le norme sono cambiate, sia per quanto riguarda le modifiche della zonizzazione sismica, sia per quanto attiene ai nuovi valori dei terremoti di progetto.

Ci si può trovare ad occupare o possedere un edificio anche ben progettato, ben costruito, assolutamente conforme alle norme in vigore nel periodo in cui è stato realizzato, e anche a volte dotato di collaudo statico, che però al momento non risulta adeguato alle norme attuali, ed è vulnerabile rispetto al nuovo sisma di progetto.

Prima del 2003 la zonizzazione sismica del territorio era stata costruita basandosi sui danni causati dagli eventi sismici registrati nel tempo, e da noi, in Italia, esistono comunque testimonianze e documenti sui terremoti del passato che nessun altro paese al mondo può vantare.

Dopo alterne vicende, innescate da ingerenze non gradite né ai comitati di armonizzazione delle Norme europee né al ministero dei Lavori pubblici, da parte dell'ordinanza 3274 del 2003, ispirata dalla protezione civile a seguito del crollo della scuola di San Giuliano di Puglia che commosse l'opinione pubblica, nel 2008 sono entrate in vigore le norme sismiche attuali, NTC 2008, che su base probabilistica, stime Psha (Probabilistic Seismic Hazard Analysis) prevedono per ogni punto del territorio lo scuotimento che ha una certa probabilità di verificarsi in un certo intervallo di tempo.

A questo approccio puramente probabilistico vengono mosse da più parti diverse critiche e osservazioni, perché il sistema di fatto non riesce a tener conto di terremoti meno frequenti ma più forti, e fa dimensionare le strutture in modo non adatto a resistere a terremoti prevedibili secondo metodi deterministici, e in alcuni casi già verificatisi sullo stesso sito.

È possibile per ogni progettista avveduto proporre, in caso di nuove costruzioni, un riferimento alle mappe redatte con il metodo neo-deterministico Ndsha (Neo-deterministic seismic hazard Analysis) che in ciascun sito è considerato il massimo terremoto credibile; la discussione è in atto ed è in arrivo anche una nuova elaborazione delle NTC 2008, anche a seguito di un mutato stato d'animo generale nei confronti della sicurezza sismica dopo gli eventi dell'estate del 2016 e le NTC 2008 sono in fase di rielaborazione.

La sicurezza sismica preventiva delle case non può essere risolta dallo Stato, bisogna prenderne atto. Non ci sono i fondi necessari per rendere sicure le case e anche se si trovassero non sarebbero "utilizzabili" per almeno tre motivi.

Il primo è politico: la prevenzione non conviene perché è molto costosa e perché se fosse fatta veramente, con le case dotate di resistenza perfetta per i terremoti, non ci sarebbe mai la controprova che è servita a qualcosa. Verrebbero impiegate enormi risorse che non hanno sortito alcun risultato visibile, e quale politico farebbe una cosa del genere?

Il secondo è economico: per intervenire su tutto il patrimonio edilizio ci vorrebbero delle priorità, ma per come siamo noi italiani, questo è impossibile. Saremmo tutti d'accordo sul fatto che vanno definite le priorità ma non su chi dovrebbe occuparsene.

Una strada potrebbe essere quella del mai approvato "fascicolo del fabbricato", un libretto che potrebbe contenere tutte le caratteristiche di un fabbricato ed anche la vulnerabilità sismica. Gli immobiliaristi si oppongono da anni con successo alla sua istituzione (ultimo atto: è stato tirato fuori all'ultimo momento dal Jobs Act pochi mesi fa) perché farebbe crollare il prezzo di tutti gli appartamenti più costosi, più prestigiosi: chi spenderebbe più sei o settemila euro al metro quadro per un appartamento con vista, o centralissimo, ma che risulta ufficialmente fragile e pericoloso? Da sogno diventerebbe un incubo.

Il terzo motivo è giuridico: lo Stato siamo noi e i soldi dello Stato sono di tutti i cittadini. Perché lo Stato dovrebbe allora utilizzarli per mettere in sicurezza le case dei cittadini proprietari, o solo di alcuni? Questo avviene solo quando c'è una catastrofe e l'emozione della perdita delle vite umane, per ricostruire, per riparare. Mai per prevenire, non sarebbe giusto.

Allora, qual è la soluzione? Bisogna agire da soli, chi può, sfruttando magari la defiscalizzazione. La risposta non può che essere individuale, ad iniziativa privata. Chi vuole stare sicuro può far eseguire una diagnosi di vulnerabilità sismica e poi, se ne ricorrono le condizioni, un intervento di miglioramento o di adeguamento sismico assistito dai bonus fiscali, che possono giungere a superare anche i tre quarti della spesa sostenuta.

Chi può deve intervenire da solo, non può aspettare che intervenga lo Stato, è impossibile. Tanti interventi puntuali invece, ben fatti, per approssimazioni successive, in vari anni, possono avvicinarsi molto all'obiettivo dell'adeguamento sismico generale, di fatto non realizzabile.

RIEPILOGO DEL CAPITOLO 5:

- SEGRETO n. 1: i ladri hanno poco tempo, quindi bisogna fare in modo che entrare in casa sia il più difficile possibile.
- SEGRETO n. 2: la casa deve sembrare sempre abitata, la soglia deve essere pulita, lo zerbino al suo posto e la cassetta delle lettere sempre vuota.
- SEGRETO n. 3: l'impianto antifurto ci vuole, ma deve essere pensato e realizzato bene, anzi benissimo, in modo che si attivi sempre e solo quando serve, evitando tutti i falsi allarmi prevedibili.
- SEGRETO n. 4: in Italia ogni anno gli incendi distruggono più di 80.000 ettari di bosco, cioè la stessa superficie di 150.000 campi di calcio regolamentari.
- SEGRETO n. 5: molti italiani risiedono in zone pericolose dal punto di vista sismico e/o vulcanico. È opportuno prendere atto della pericolosità del sito e agire di conseguenza, magari, chi può, sfruttando la defiscalizzazione.

Conclusione

Sono stato da sempre convinto che cercare di vivere in modo sobrio, da parte di tutti gli uomini, avrebbe salvato il pianeta, in pericolo, perché lo stiamo inquinando, e sembra anche riscaldando, troppo velocemente e non gli permettiamo di autorigenerarsi: dobbiamo salvarlo!

Facendo un po' di conti sull'età del pianeta, sull'età dell'uomo, e su quella del sole, da cui in sostanza dipende la vita, ho capito che non avevo capito bene.

Il sole dovrebbe continuare a funzionare secondo le stime per almeno sette miliardi di anni. Qualsiasi rifiuto umano è assorbibile dalla natura in un massimo di un milione di anni, comprese le peggiori scorie nucleari. L'uomo esiste da circa duecentomila anni, età presunta dell'homo sapiens, e ora sta consumando le risorse del pianeta così velocemente che si esauriranno nel giro di qualche centinaio di anni.

Miliardi di anni, milioni di anni, migliaia di anni, anni. Qui non si tratta di salvare il "Pianeta", ma di salvare "Noi". La nostra specie è in pericolo, non il pianeta.

Verranno meno le condizioni di vita futura per noi e per gli altri esseri viventi, a breve, molto a breve. La natura farà il suo corso e pulirà tutto in un millioncino di anni, e nuovi batteri ricominceranno da capo, e da loro si evolveranno altre forme di vita che, se ci sapranno fare più di noi, potranno durare a lungo, e con tanta energia solare gratis, almeno loro.

E noi e le nostre case? Nel nostro piccolo non ci resta che agire, e subito: conoscere le condizioni fisiche e organizzative della nostra casa e migliorarle. Come si fa con i computer: intervenire sull'hardware, se è necessario, e contemporaneamente aggiornare e migliorare il software, che poi saremmo noi, con tutte le nostre abitudini.

I risultati saranno però reali e visibili soltanto se l'azione sarà veramente intensa, se ci metteremo impegno e non ci fermeremo al primo ostacolo o dubbio, alla prima circostanza avversa.

Intanto abbiamo visto che una casa deve essere costituita da ambienti sani e confortevoli, deve essere costruita o ristrutturata seguendo il più possibile le tradizioni locali, ed usando i materiali naturali del posto; e deve essere impostata per perseguire l'efficienza energetica e il risparmio delle risorse.

Il desiderio e la ricerca del piacere, della bellezza e della comodità possono essere soddisfatti senza compromettere la sostenibilità ambientale, per dirla alla Jonas: "Agiamo in modo che le conseguenze delle nostre azioni siano compatibili con la permanenza di un'autentica vita umana sulla Terra".

Cosa possiamo fare?

Possiamo migliorare la qualità dell'aria che respiriamo in casa, come abbiamo visto, possiamo ottimizzare il consumo e l'uso dell'acqua, così come il funzionamento degli impianti, possiamo rendere, magari a tappe, sempre più efficiente la nostra casa, possiamo renderla meno inquinante e meno inquinata, e complessivamente più sicura.

La determinazione unita alla giusta direzione ci farà rendere più facile da utilizzare, più piacevole da vivere, più sana e, mi auguro presto, più sicura la nostra casa.

Approfondendo le indicazioni del libro, interagendo col sito www.marcellolanza.it, sarà possibile valutare se è il caso o no di intervenire, su quale area eventualmente intervenire per prima e con quale modalità, nell'intento di massimizzare la sicurezza statica ed igienica, diminuire i consumi energetici, aumentare il comfort e la gioia di vivere nella Tua casa.

Chi sta in questo momento cercando casa può avvantaggiarsi nel valutarla in modo oggettivo, nella sua globalità, e capire così se vale la pena di acquistarla al netto delle emozioni oppure se è il caso di lasciar perdere.

Chi sta per costruire una nuova casa a partire dal terreno, o sta per ristrutturare una casa che già esiste, ha davvero bisogno una check-list delle cose da fare e dettagli operativi di come devono essere fatte, per interagire con progettisti e installatori in modo da evitare di farsi "affibbiare" soluzioni non adeguate.

Sono tanti i sogni nel cassetto di progettisti consumatori di riviste di architettura, oppure fondi di magazzino e attrezzature troppo sponsorizzati da parte di installatori disinvolti.

Qualche anno fa ho introdotto una piccola abitudine di vita, una cosa semplice, spicciola, ma per niente facile dopo tanti anni di abitudini consolidate. Avevo la necessità di spostarmi molto spesso anche restando fuori casa per due o tre notti a settimana. A volte non c'era il tempo di preparare per bene un minimo di necessaire da viaggio, e proprio quella cosa che poi serviva in viaggio era rimasta lì sul lavandino di casa, a soffrire la solitudine.

Dovevo trovare una soluzione, così, al posto del mio vissuto borsello in pelle, firmato, mi sono procurato una nuova borsetta di plastica rossa, vistosa. È molto difficile da dimenticare andando in giro, sembra un segnale stradale, ed è dotata di un bel gancio che permette di appenderla ovunque. L'ho riempita di tutto il necessario e ho liberato il mio lavandino, per sempre. L'attenzione si è spostata da allora sulla borsa: se finisce qualche prodotto nella borsa è lì che avviene il ripristino, non più in zona lavandino. La borsa è sempre rifornita di fresco, sempre ok.

Quando torno a casa parcheggio il mio trolley al suo posto, sulla cassa del corridoio, in automatico estraggo la borsetta rossa col gancio e la appendo vicino allo specchio sul lavabo, proprio come se fosse il lavandino di un albergo. È necessario farlo, perché vicino al mio lavandino a casa non ho nulla, è tutto nella borsa rossa.

Non potete immaginare come si è semplificato tutto, non manca mai nulla né a casa né fuori, e comunque, se proprio manca qualcosa quando sono a casa o in viaggio è solo perché manca, magari è finita, o non c'è mai stata, ma non manca perché ho dimenticato di prenderla prima di partire, e quindi non ho più rimproveri da farmi.

La tasca esterna del mio trolley invece è la sede del cavetto che serve per ricaricare il telefonino, e di cui ho già parlato. È sempre lì, se sono in giro o anche se sono a casa, ed è questa la vera notizia. Da quando faccio così non l'ho più perso e non ho più perso tempo per cercarlo, so sempre dov'è! Sono bastate due piccole abitudini a farmi ottenere un grande risultato: maggiore serenità, nessun tempo perso, e ho sempre il telefonino carico, sia quando viaggio sia quando sono a casa.

Basta poco per migliorare, ma passiamo subito all'azione!
Per approfondire gli argomenti trattati, o semplicemente sfiorati, Vi aspetto sul mio sito www.marcellolanza.it.

Buona vita e buona casa a tutti!
Marcello Lanza

www.ingramcontent.com/pod-product-compliance
Lightning Source LLC
Chambersburg PA
CBHW070457090426
42735CB00012B/2595